写给孩子的传统八德故事

写给孩子的传统八德故事

孝悌忠信

◎ 贝贝熊童书馆 选编　◎ 李后佶 绘

CHISO SINCE 1956　新疆青少年出版社

图书在版编目(CIP)数据

写给孩子的传统八德故事. 孝悌忠信 / 贝贝熊童书馆选编；李后佶绘. —— 乌鲁木齐：
新疆青少年出版社,2021.1（2022.8重印）
ISBN 978-7-5590-6865-1

Ⅰ.①写… Ⅱ.①贝… ②李… Ⅲ.①品德教育-中国-儿童读物 Ⅳ.①D432.62

中国版本图书馆CIP数据核字(2020)第223912号

写给孩子的传统八德故事

孝悌忠信 XIAO TI ZHONG XIN 贝贝熊童书馆 / 选编 李后佶 / 绘

出 版 人：徐 江	策 划：许国萍
责任编辑：刘 露	美术编辑：张春艳 邓志平
特约审校：柳 佳	法律顾问：王冠华 18699089007

出版发行：新疆青少年出版社
（地址：乌鲁木齐市北京北路29号 邮编：830012）
经 销：新华书店
印 制：北京博海升彩色印刷有限公司
开 本：710mm×1000mm 1/16
印 张：12
页 数：192
字 数：90千字
版 次：2021年1月第1版
印 次：2022年8月第3次印刷
印 数：10 001—15 000册
书 号：ISBN 978-7-5590-6865-1
定 价：32.00元

前　言

　　中华民族是一个历史悠久、拥有灿烂文化的民族。中华传统文化博大精深，源远流长。自古以来，我国就是一个重礼仪、讲美德的国家。对于美德的提倡与践行，贯穿于不同的历史时期，渗透在我们的日常生活中。所谓"传统八德"即八种中华民族传统美德，具体包括：孝、悌、忠、信、礼、义、廉、耻。

　　孝即孝顺，为人子女，应当孝顺父母，牢记父母的养育之恩；悌则是指兄弟姐妹之间互帮互助的情义；忠即忠心，忠于国家，忠于人民；信即信用，与人相处，要言而有信，不欺骗他人；礼即礼节，待人有礼貌，做事遵礼法；义即义气，是指一个人应该具备的正义感，无论谁有困难，都要尽力去帮忙；廉即廉洁，对不义之财，不起贪求之心；耻即羞耻，凡是违背原则，违背道义的事情，坚决不做。这八种品德，乃中国传统文化的核心，应该成为每一个中国人为人处世时必备的美德。

　　为了弘扬中华民族的传统美德，我们编写了《写给孩子的传统八德故事——孝悌忠信》和《写给孩子的传统八德故事——礼义廉耻》，以相关的历史故事为素材，展示了古代先贤的处世言行与品德操守。希望这套书能够帮助孩子们端正思想，明辨事理，进德修业，引导他们尊敬师长，反哺父母，提高自身的核心素养，同时培养他们正直守信的道德品行、高尚的人生理想和爱国主义情操。

本书参照蔡振坤先生的《八德须知》选编，由于时代差异，我们删除了原书中的部分内容，精选了适合当下青少年阅读的故事，并采用趣味解析的方式对原文进行了解读。由于水平有限，书中难免存在不足的地方，望读者批评指正。

编　者

目录

忠

信

孝

武王继述

武王继志，不敢有加。冠带养疾，达孝无涯。

【原文】

周武王姓姬名发，文王昌之次子也。文王圣孝，武王帅而行之，不敢有加①焉。文王有疾，武王不说冠带②而养。文王一饭，亦一饭。文王再饭，亦再饭。旬③有二日，乃间。后即位，伐商有天下。与弟周公旦继志述事④，事死如事生，事亡如事存，孔子称之为达孝。

【注释】

①加：超过。
②说：通"脱"。冠带：帽子和腰带。此句言武王常在文王身边。
③旬：十天。

④述事：继续前人的事业。

【解析】

　　周武王姬发是周文王姬昌的第二个儿子，周文王圣明仁孝，周武王也效法父亲，仁厚孝顺。

　　有一次，周文王生病了，周武王便亲自照顾父亲，事无巨细、无微不至。他每天都陪在父亲身边，衣不解带地照顾生病的父亲。周文王吃一碗饭，他才吃一碗饭；周文王添一碗饭，他也就添一碗饭。周文王病了十二天，周武王一直陪伴在父亲的身边，没有离开过片刻。

　　后来周文王过世，周武王继位。当时商朝的纣王非常残暴，肆意盘剥百姓，天下百姓都怨恨他。周武王联合各方力量，出兵讨伐纣王。最终，周武王打败纣王，灭掉商朝，建立了周朝。

　　周文王侍奉商纣王，周武王却发兵讨伐纣王，表面看来，周武王做的事情好像与周文王相悖。但实际上，周武王打败作恶多端、残暴无度的商纣王，恰恰是继承了周文王的志愿，完成了周文王未尽的事业。周武王在位期间，恪尽职守，爱护百姓，成为历史上有名的明君。

考叔舍肉

考叔舍肉，讽①悟庄公②。隧泉见母，其乐融融。

【原文】

　　周郑颍考叔③为颍谷封人④，闻庄公初誓黄泉见母，后悔之，乃有献于公。公赐之食，食舍肉。公问之，对曰："小人有母，皆尝小人之食矣，未尝君之羹，请以遗⑤之。"公曰："尔有母遗，繄⑥我独无。"颍考叔曰："君无患焉，若阙⑦地及泉，隧而相见，其谁曰不然？"公从之，遂为母子如初。

【注释】

①讽：用含蓄的话劝告或讥刺。
②庄公：指郑庄公，历史上著名的政治家。春秋时期郑国第三代国君，公元前743年至公元前701年在位。
③颍考叔：郑国大夫，执掌颍谷（今河南登封西），在郑庄公对其母亲

武姜发出"不及黄泉，无相见也"的誓言后，孝子颍考叔建议挖一个隧道，取名"黄泉"，安排郑庄公与武姜在"黄泉"见面，这就是闻名后世的"黄泉相会"。

④封人：古官名。《左传•隐公元年》："颍考叔为颍谷封人。"杜预注："封人，典封疆者。"

⑤遗：wèi，给予；馈赠。

⑥繄：yī。文言助词，惟。

⑦阙：通"掘"，挖掘。

【解析】

周朝时，郑国有个叫颍考叔的人，在颍谷做守边官吏。当时的国君郑庄公因为弟弟的事情，与母亲发生矛盾，发下了"不到黄泉，不再相见"的誓言，但很快郑庄公便后悔了。

其他大臣都知道，如果直接去劝谏，会惹怒郑庄公，所以没有人敢提这件事。颍考叔得知整件事情后，打算用自己的方法去劝导郑庄公。他先给郑庄公敬献了一些物品，郑庄公非常高兴，便请颍考叔进王宫赴宴。

宴席上有很多美味佳肴，颍考叔随便吃了点清淡小菜，却没有吃郑庄公赏赐的肉。郑庄公觉得很奇怪，忍不住问道："你为什么不吃肉呢？那可是非常难得、非常美味的！"颍考叔答道："我是想把肉带回去给母亲吃。小时候，母亲总是把最好吃的东西留给我，我也要把最好吃的留给她。我府上的食物，母亲都吃过了，可您赏赐的肉，母亲还没有吃过，所以我要把这些肉留下来，带回去给她。对我来说，母亲是最珍贵的人，只要她能开心，我就觉得满足了。"

郑庄公听后，深受触动，想到自己与母亲的矛盾，不禁黯然说道："你还有母亲可以尽孝，可以送给她东西吃，可我却发誓说，不到黄泉，不再与我的母亲相见了啊！"颍考叔连忙回复道："其实君上不必为此担忧，您只要命人在地下挖掘，直到有泉水冒出即可。到时，您与您的母亲在地道里相见，又有谁能说您不守诺言呢？"郑庄公听后，觉得非常有道理，便采纳了他的建议。后来郑庄公母子二人终于相见，和好如初。

颍考叔并没有直接去劝谏郑庄公，惹他生气，而是用自己对母亲的孝心，来向郑庄公表明自己的意思。因为情真意切地挂念着自己的母亲，能够理解他人对母亲的情感，所以颍考叔的劝导，句句都说在了郑庄公的心上，使郑庄公能够有所感悟。

仲由负米

子路尽力，负米奉亲，亲没仕楚，叹不及贫。

【原文】

　　周仲由，字子路。家贫，常食藜藿①之食，为亲负米百里之外。亲没，南游于楚，从车百乘，积粟万钟，累茵②而坐，列鼎而食。乃叹曰："虽欲食藜藿，为亲负米，不可得也。"孔子曰："由也事亲，可谓生事尽力，死事尽思者也。"

【注释】

①藜藿：lí huò，藜和藿，泛指粗劣的饭菜。
②茵：yīn，指褥垫、毯子之类。

【解析】

　　孔子的弟子仲由，是春秋时期鲁国人。仲由小的时候，家境贫寒，每天只能吃粗劣的野菜，常常填不饱肚子。仲由觉得自己可以过这样的日子，可不忍心让父母也吃野菜度日。于是，他想方设法地为父亲和母亲找些美味的、有营养的食物，让他们吃得好一些。当时仲由家距离卖米的集市有上百里的路程，为了让父母吃上大米，仲由跋山涉水，到百里之外的集市买米，再背回来奉养父母。

　　无论是烈日炎炎的盛夏，还是滴水成冰的寒冬，仲由的身影都往来于这条路上，不辞辛劳地背米回家。直到父母去世，仲由才离开家乡，到南方游历去了。

　　仲由到楚国后，楚国的国王召见了他。楚王一方面仰慕仲由学识渊博，一方面也听闻了他背米孝敬父母的事，非常欣赏他的人品，便重金聘请他在楚国做官。

　　仲由做官以后，生活渐渐富裕起来。他出行的时候，跟随的车骑有一百辆之多；他的家里堆满了粮食谷物；他坐着的地方铺了好几层褥毯；他吃饭的时候，桌子上摆满了精致的菜肴。过着如此舒适的生活，仲由却仍旧常常叹气，不是很开心的样子。他的朋友忍不住问道："你如今这样富贵，还有什么事情让你烦恼呢？"

　　仲由叹着气说道："虽然现在我的生活安稳舒适，可我的父母却再也不能够陪伴在我身边了。当年父母在世时，我们虽然过着粗茶淡饭的贫苦日子，可一家人齐齐整整地在一起啊。如今虽然衣食无缺，我却常常怀念过去那些吃着粗劣的饭食，到百里外去背米回来侍奉双亲的日子。可是，这样的机会以后都不会再有了，这怎能不叫我伤心呢？"

　　孔子听说了这件事后说："仲由在奉养孝敬父母的事情上，可以说父母在世时竭尽全力，父母过世后，也是时时追思，日日怀念啊。"

　　每个人都不能永远陪伴父母，和父母在一起的日子其实很短暂。当我们还能够与父母在一起的时候，要常常想着为他们做些力所能及的事。仲由为了父母到百里之外去背米，这看似辛苦，可他却乐在其中，享受着有父母陪伴的日子。"子欲养而亲不待"真是古往今来的人都会有的感叹啊。为人子女，在父母仍然健在的时候，就抓住机会好好陪伴他们，孝敬他们吧！对父母的爱有很多种表达方式，并不一定也要像仲由背米一样，做很多辛苦的事。表达这份爱，可以从非常微小的事情做起，比如做些力所能及的家务，帮爸爸妈妈捶捶背，在日常生活中多多关心父母，常常问候他们。一定要珍惜与父母在一起的日子，不要留下遗憾啊！

闵损芦衣

孝哉闵子，衣芦御车，感父救母，千古令誉。

【原文】

周闵①损，字子骞②。早丧母，父娶后妻，生二子。母恶损，所生子衣棉絮，而衣损以芦花。父令损御车，体寒失靷③。父察知之，欲逐后妻。损启父曰："母在一子寒，母去三子单。"父善其言而止，母亦感悔，视损如己子。

【注释】

①闵：mǐn。
②骞：qiān。
③靷：yǐn，引车前行的皮带。

【解析】

　　春秋时期，鲁国有一个非常善良的孩子名叫闵损，在他很小的时候，母亲就去世了。闵损的父亲后来续娶了一个妻子，又生了两个儿子。后母疼爱自己的儿子，很讨厌闵损。滴水成冰的冬天，后母用柔软的棉絮给自己的两个儿子缝制了保暖的衣裳，给闵损的却是里面装了芦花的棉袄，一点都不保暖。

　　有一天，天气寒冷，寒风刺骨，闵损的父亲叫他驾车外出。因为衣裳单薄，闵损的身体很快便冻僵了，他小心翼翼地驾车，可还是不慎把驾车的皮带掉在了地上。父亲这才察觉到儿子身上穿着单薄的芦花棉袄，他非常生气，盛怒之下要将妻子休掉。闵损却马上制止了父亲，对他说："继母在的时候，只有我一个人受冻，父亲如果把继母休掉，那么两个弟弟也要跟我一起孤单受冻了啊！我从小就没有了母亲，知道失去母亲后孤孤单单的滋味，这样的滋味，就不要让两个弟弟再经历了吧。"

　　父亲听后，非常感动，听从了闵损的话。继母听说了这件事，既惭愧又后悔，从此像疼爱亲生儿子一样疼爱闵损。

　　闵损心地善良，温厚大度，处处为他人着想，即使不被善待，也没有抱怨，反而希望弟弟们不要像自己一样，成为没有母亲的孩子。闵损的心，真是善良宽厚啊！他对父亲说的那番话，伤感却又温暖，即使是铁石心肠的人，听了也会感动吧。

老莱斑衣

老莱七十，戏彩娱亲，作婴儿状，烂漫天真。

【原文】

周老莱子，姓莱，佚①其名，楚人。至孝，奉二亲极其甘脆。行年七十，言不称老。尝着五彩斑斓之衣，为婴儿状，戏舞于亲侧。并在双亲前弄雏②，欲亲之喜。又尝取水上堂，诈③跌卧地，作婴儿啼，以娱亲意。

【注释】

①佚：yì，散失。
②雏：chú，幼小的（多指鸟类）。
③诈：假装。

【解析】

　　春秋时期，楚国有一个姓莱的人，人们不知道他的名字，便都称呼他"老莱子"。

　　老莱子非常爱他的父母，他总是想方设法搜罗各种美味香甜的食物给父母吃，还常常做一些滑稽可笑的事情来哄父母开心。

　　这位老莱子已经是七十多岁的老人了，可他从不在父母面前说自己年老。不仅不称老，他还常常穿上五彩斑斓的衣服，像小孩子一样围绕在父母身边嬉戏玩闹，有时逗逗小鸟，有时捉捉虫子，有时唱着歌，手舞足蹈。父母看见他开心玩闹的样子，也跟着开心起来了。

　　有一次，老莱子挑了两桶水回来，经过父母身边时，他装作不小心摔倒的样子，把两桶水打翻了。水泼了一地，把老莱子的衣服都弄湿了。他像个小孩子一样手忙脚乱地喊道："怎么办啊！怎么办啊！我的衣服全湿了！我打的水都撒光了！"说完，竟然坐在地上假装哇哇大哭起来。父母看他浑身湿淋淋又哇哇大哭的滑稽样子，不禁哈哈大笑起来。

　　不在年老的父母面前说老，避免让父母感伤，老莱子真是细心体贴啊！其实，七十多岁的老莱子，自己就是一个老人了，可他穿着花衣裳逗弄小鸟的样子，分明和小孩子一样。老莱子像小孩子一样逗父母开心，也是希望父母不要因年老而伤心，希望父母知道自己多么需要他们，多么爱他们吧。这样真挚的心意，千百年后依旧让人感动！

在父母眼中，无论子女长得多么高，多么壮，无论他们是七岁还是七十岁，都永远如同小孩子一般需要自己照顾，永远都不会长大，看到子女开心快乐的样子，父母也会感到愉快幸福。

爱的表达方式有千百种，也许我们不能像老莱子一样，穿着五彩斑斓的衣裳，像孩子一样做很多滑稽的事情去逗父母开心，但老莱子对父母的那份体贴、那份爱，让父母感觉到自己被需要，却是我们都能够做到的。

汉文尝药

汉孝文帝，母病在床，三载侍疾，汤药亲尝。

【原文】

汉文帝，姓刘，名恒，高祖第三子也，初封于外为代王。生母薄太后，帝朝夕奉养无倦怠。太后病三年之久，帝侍疾，目不交睫，衣不解带。所用汤药，必先亲尝之而后进。仁孝之名，闻于天下。

【解析】

汉文帝刘恒，是汉高祖刘邦的第三个儿子。他生性仁爱，始终坚持以仁孝治理天下。

汉文帝非常孝顺母亲，每天都要问候母亲，从不懈怠。只要公务不繁忙，汉文帝便陪在母亲身边，身体力行地照顾母亲，不辞辛劳。如果母亲有病痛，汉文帝就常常吃不下饭。只要母亲身体安康，汉文帝便非常开心。

　　有一次，汉文帝的母亲病倒了，他焦虑万分，非常担心母亲会一病不起，离开自己。他不放心宫女们照顾母亲，便亲自守在母亲床前，为她端水送药，期望母亲能好起来。

　　他衣不解带地照顾母亲，没有好好睡过一个安稳觉。母亲吃的汤药，他都要亲自尝过后才拿去给母亲喝。有时汤药太烫了，汉文帝便亲自拿扇子把汤药扇得凉一些；有时汤药不够热，汉文帝担心母亲喝了会不舒服，也要嘱咐宫人将药再温一下。

　　汉文帝的母亲病了三年，他始终如一地尽心尽力照顾母亲，非常周到。汉文帝仁孝的名声传遍了天下，百姓们听说了他对待母亲的孝心，没有不赞叹的。他们感慨道："国君对待母亲能够这样仁孝，对待百姓也不会差啊！"大家也纷纷效仿汉文帝，身体力行地为自己的母亲做些力所能及的事。

　　人们常说"久病床前无孝子"，汉文帝无微不至地照顾母亲长达三年，这并不是一件容易的事。何况作为帝王，政事繁忙，日理万机，本不需要亲力亲为，但汉文帝还是亲自为母亲尝药，这都是因为他有一颗真挚的孝心呀！汉文帝在位期间，由于仁慈节俭，崇尚简朴，广纳谏言，深受百姓拥戴。

江革负母

江革避难，负母保身，乱平贫苦，行佣供亲。

【原文】

汉江革，字次翁，少失父，独与母居。遭世乱，负母逃难。数遇贼，欲劫去，革辄泣告有老母在，贼不忍杀。转客下邳①，贫穷裸跣②，行佣以供母。凡母便身之物，未尝稍缺。母终，哀泣庐墓，寝不除服。后举孝廉，迁谏议大夫。

【注释】

①下邳：古地名。邳，pī。
②跣：xiǎn，光着脚，不穿鞋袜。

【解析】

东汉有一个名叫江革的人，在他很小的时候，父亲就过世了，他由母亲抚养长大，母子二人相依为命。

当时各地战乱不断，盗贼四起，人们背井离乡，四处逃难。江革为了保护母亲不受伤害，也带着母亲一起离家逃难。

逃难路上餐风露宿，非常辛苦。江革的母亲年纪大了，腿脚不方便，江革一路都背着母亲，以免她过于辛苦。逃难的路漫长而又艰难，江革总是累得满头大汗，母亲心疼儿子，想下去自己走，江革便说："小时候，母亲也是这样背着我的啊，现在我背着您，就像回到了小时候，虽然辛苦，但我心里觉得很温暖。"

有一次，江革与母亲遇到了盗贼，盗贼看江革正值壮年，想把他抓走，江革苦苦哀求道："我从小便没了父亲，是母亲含辛茹苦将我养大，你们现在要抓走我，我年迈的母亲谁来照料？在这种兵荒马乱的时候，没有了我的照顾，我的母亲怕是也活不下去了！请你们体谅我的处境，放过我和我的母亲吧！"强盗们被他的孝心感动，也不忍心抓他了。

逃难途中，江革无微不至地照顾母亲。母亲渴了，江革便到处找水给她喝；母亲饿了，江革便到处找食物给她吃。到了夜晚，他总会想尽办法，寻找一个安全的住处，让母亲能睡一个安稳觉。

战乱平息后，江革与母亲定居在下邳县。在这个举目无亲的地方，江革辛苦劳作，赚取微薄的收入来维持家用。他自己的衣服鞋子全都破旧不堪，可母亲日常生活必需的物品，江革都为她准备得齐齐整整，没有一件缺少的。

后来，江革的母亲去世了，他悲痛地趴在母亲的坟头大声哭泣。整整三年，江革都没有脱下孝服。守丧期满后，人们敬佩他的德行，推举他做官，江革才离开家乡到别处去了。

江革一路背着母亲逃难，遇到任何困难都没有丢下母亲不管，时时刻刻照顾着年老的母亲，这是很难得的事。他虽然没有让母亲过上富贵的生活，却总是在尽最大的努力去爱自己的母亲，这是我们每个人都应该学习的。

黄香温清①

黄香九岁，母丧父存，温衾②扇枕，奉侍晨昏。

【原文】

汉黄香，字文强，江夏人。年九岁丧母，哀毁逾礼，乡人称其孝。家贫，躬执勤苦，事父尽孝。夏天暑热，扇凉其枕簟③；冬日寒冷，以身温其被席。父疾，侍奉尤极其诚。太守刘护表④而异之。后举孝廉，官至尚书令。

【注释】

①清：qìng，清凉。
②衾：qīn，被子。
③枕簟：枕席，泛指卧具。簟，diàn。
④表：表彰。

写给孩子的传统八德故事

【解析】

　　汉朝有一个孩子名叫黄香，在他九岁的时候，母亲就去世了。黄香日夜思念自己的母亲，哀伤的样子感动了街坊邻里，人们纷纷称赞他是一个孝顺的孩子。

　　母亲去世以后，父亲每天劳作，更加辛苦了。黄香便更加关心父亲的日常生活，尽量把自己的事情做好，不让父亲为自己操心。

　　烈日炎炎的夏天，黄香坐在父亲睡觉的席子旁，用扇子一下一下扇着枕头和床铺。父亲回来后看到他认真扇着床铺的样子，不禁问道："天气这么热，你怎么不用扇子给自己扇凉，反而要用来扇床铺呢？"黄香认真答道："我想把床铺扇凉，父亲睡得就凉爽舒服些。"父亲非常感动，看到儿子小小年纪便懂得疼惜自己，十分欣慰。

　　寒风瑟瑟的冬天，为了不让父亲受冻，黄香总是先到父亲的房中，把被子铺好，再脱掉衣服钻进父亲的被子里，用自己的体温一点一点地将棉被捂热，才叫父亲入睡。小小的黄香暖热了冰冷的被窝，也温暖了辛劳一天的父亲的心。

　　后来，黄香长大了，父亲也年老生病了，黄香更加尽心地侍奉在旁，直到父亲去世。

　　当地的太守刘护，得知了黄香的事情后，非常欣赏他，大大赞赏了他对长辈的孝心。

后来，黄香被举为孝廉，官至尚书令。

一个九岁的孩子，能身体力行地去爱自己的父母，真切地哀痛母亲的离去，尽己所能地照顾辛劳的父亲，夏天为父亲扇凉床铺，冬天为父亲暖好被窝。黄香真是孝顺体贴啊！他值得我们每个人学习。

25

陆绩怀橘

陆绩六岁，作客九江，母性所爱，怀橘三枚。

【原文】

汉陆绩，字公纪，吴郡人。其父康，曾为庐江太守，与袁术交好。绩六岁时，于九江见术，术出橘待之。绩怀其三枚，及归拜辞，橘堕地。术笑曰："陆郎作宾客而怀橘乎？"绩跪答曰："吾母性之所爱，欲归以遗母。"术大奇之。

【解析】

东汉有一个名叫陆绩的孩子，从小便聪明有礼，敬爱父母。陆绩的父亲曾做过庐江太守，与袁术是好朋友。陆绩六岁的时候，他的父亲带他到九江去拜访袁术，袁术盛情款待了他们。

吃饭时，桌子上放了一盘橘子，酸甜可口，是非常难得的美味。陆绩自己吃了一颗后，便悄悄将三颗橘子藏在了袖子里。

快要告别的时候，父亲带陆绩一起去拜谢袁术，感谢他的盛情款待。没想到，橘子从陆绩的袖子里掉了出来，滚到了地上。袁术很吃惊，但想到陆绩毕竟是一个小孩子，便笑着问道："陆绩呀，你为什么要把橘子放在袖子里呢？"陆绩回答说："我的母亲很喜欢吃橘子，我觉得今天的橘子太好吃了，想带回家给母亲吃。"袁术听了他的话，更是惊讶，一个六岁的孩子，这么体贴孝顺，真是太难得了。

人与人之间的真情，常常体现在很多微小的事情上。陆绩一个六岁的孩子，在吃到好吃的橘子时，会想起爱吃橘子的母亲，要把橘子带回去给母亲吃，这件小事便足以体现陆绩对母亲真挚的孝心。我们在生活中若能从这样一件件小事做起，时时把父母放在心上，遇到好吃的东西、好看的风景时，常常想到他们，他们也一定能感受到我们诚挚的心意吧。

木兰从军

隋魏木兰，从军代父。一十二年，归来如故。

【原文】

隋魏木兰，亳城东魏村人。恭帝时，突厥扰边，朝廷募兵。其父当从征，老病不能行，弟幼弱，木兰乔妆代父从军。历十二年，经十八战，人终不知为女子。后凯旋，恭帝嘉其功，除尚书郎①，不受。归至家，释戎服，衣旧裳，赋戍边诗一篇以见志，后人多传诵之。

【注释】

①尚书郎：古官名。东汉始置，选拔孝廉中有才能者入尚书台，在皇帝左右处理政务，初从尚书台令史中选拔，后从孝廉中选取。

【解析】

　　南北朝时期，北魏有一位女子名叫花木兰。木兰与家人一起，每天辛苦劳作，过着平静的生活。后来突厥侵扰边疆，朝廷下令征募兵丁抵御外侵，木兰家平静的生活被打破了。

　　按照规定，木兰的父亲要应征当兵，可他年老体弱，无法前去，弟弟年纪又太小，身体虚弱。木兰想了想，便对父亲说道："就让我代替父亲上战场吧！您年纪大了，身体又不好，战场凶险，您的身体怎么能经受得住呢？弟弟年纪还小，家中又没有壮年男子，就让我去吧，让我代替父亲吧！"木兰的父亲虽然不想让木兰去，可也没有别的办法。

　　于是，木兰去集市买了骏马和男子用的物品，换了一身男装后，辞别家人，跟随朝廷征募的兵丁，前往边疆迎敌。

　　战争持续了十二年，木兰经历了数不清的大小战役。

　　边关打仗，九死一生，可木兰凭借坚强的意志与过人的智慧，在这场凶险的战争中屡立战功，而且没有暴露自己的女子身份。

　　后来突厥终于被打退，木兰作战有功，皇帝打算封她为尚书郎，木兰恳切地对皇帝说："陛下，臣离开家已有十几年了，十几年来不曾与父母见面，父母已经年老，臣只想尽快赶回家照顾他们、孝敬他们啊！"皇帝听了木兰的话，非常感动，大

大嘉赏了木兰，恩准了她回乡的请求。

回到家，木兰脱下一身戎装，换上从前的衣服，又开始以女子的身份生活。她作了一首戍边诗记录自己在边疆的生活，被后人传诵至今。

因为要保护年老的父亲与年幼的弟弟，木兰女扮男装，替父从军，在外征战长达十二年。十二年艰苦凶险的军旅生涯中，木兰英勇杀敌，有勇有谋，屡立战功。战争结束后，木兰放弃高官厚禄，回乡侍奉年老的父母。这样的木兰，真是孝顺而又聪慧勇敢的女子！

李密陈情

李密上表，乌鸟私情。愿乞终养，帝嘉其诚。

【原文】

晋李密父早亡，母更适人^①，鞠^②于祖母刘氏。武帝征为太子洗马^③，诏书屡下，密上表曰："臣无祖母，无以至今日；祖母无臣，无以终余年。臣今年四十四，祖母今年九十六。是臣尽节于陛下之日长，报祖母之日短也。"帝嘉其诚，赐奴婢二人，并使郡县供其祖母常膳。

【注释】

①适人：谓女子出嫁。
②鞠：养育，抚养。
③太子洗马：官名。汉置，太子属官。

【解析】

西晋有一个叫李密的人，以孝顺仁厚闻名。

李密刚出生不久，父亲就去世了。又过了些年，母亲改嫁，他便靠祖母刘氏抚养长大，与祖母相依为命。祖母一方面照顾着他的日常生活，一方面也尽力供养他读书，直到他长大成人。

后来，皇帝任命他做官，辅助太子学习政事。可诏书下达了一次又一次，李密一直没有到任。他写了一篇《陈情表》来解释自己不肯做官的原因：

"我从小便失去了父亲，母亲早早改嫁，是祖母含辛茹苦将我养育成人。如果没有祖母，我这样一个无人照料的孩童，连活下去都困难，更别提读书做官，报效国家了。

我今年已经四十四岁了，我的祖母已经九十六岁了，在我需要祖母的时候，她悉心照顾我，从未离开过。现在祖母已经年老，正是需要我照顾的时候，我又怎么能在此时离她而去呢？况且我为陛下尽心尽力的日子还很长，但我能够陪伴祖母的日子已经不多了。还请陛下体谅我的苦衷，恩准我奉养祖母终老啊。"

皇帝看了李密的表章后，被他的正直诚实和对祖母的孝心打动，同意了他在家乡奉养祖母的请求，还给他派遣了两个仆人帮助他，又叫府县衙门为他的祖母提供赡养费。后来李密的祖母去世，服丧期满后，他才离开家乡做官去了。

祖母在李密无人照管的情形下辛苦养育他长大，勉励他读书，李密在祖母年老无依的时候放弃高官厚禄专心侍奉祖母，祖孙二人之间的情义让人动容。李密所作的那篇《陈情表》，千百年来感动了无数人，后世有"读李密《陈情表》不流泪者不孝"的说法。

赵志闻声

赵志年少，莫报劬劳①。闻父叱犊②，涕泪滔滔。

【原文】

晋赵志早起读书，闻父叱犊声，废书而泣。师问之，答曰："顷③闻叱犊而过者，吾父也。自恨年少，不能即致贵显，使老父不免穷苦，是以悲耳。"师叹曰："此念孝思，小子当有造④也。"由是用心教之，免其脩金⑤。及长，郡县辟举⑥，出仕东辽，有政声。

【注释】

①劬劳：劳累；劳苦。劬，qú。
②叱犊：大声驱牛；牧牛。
③顷：刚才，不久以前。

④造：成就。

⑤脩金：送给教师的酬金。

⑥辟举：征召荐举。

【解析】

　　晋朝有一个名叫赵志的人，他幼年时便聪颖好学，每天都去书院读书。

　　有一天，他在读书时，突然听到窗外父亲赶牛的吆喝声，便哭了起来。赵志的老师非常疑惑地问他："好好的怎么突然哭了呢？是哪里不舒服？还是遇到什么难题了呢？"赵志擦了擦眼泪回答说："刚才赶着小牛经过书院门口的人是我的父亲。他每天放牛，早出晚归，十分辛苦。我恨自己年纪还小，不能分担父亲的辛苦，想到父亲为了供养我一直过着穷苦的日子，就觉得太难过了。"

　　赵志的老师听了他的话，又惊讶又感动，不禁摸了摸他的头，一边叹息一边说道："你年纪这么小，却能这样孝顺，实在是太难得了。你的父亲不会永远都这样辛苦下去的，你一定会有所成就，有你这样的孩子，他一定会过上好日子的。"

　　从此以后，赵志的老师便非常用心地教导他，还免去了他的学费，赵志也更加用功地读书，认真勤勉。

　　后来赵志长大了，因为府县衙门的举荐，到东辽地方做官，享有良好的名声。

　　赵志小小年纪，便在心里惦记着自己的父亲，因为不能马上长大，为父亲分忧解难而哭泣，真是善良孝顺的孩子。

范乔哭砚

范乔五岁，捧砚悲酸。以薪遗盗，何愧承欢①。

【原文】

　　晋范乔二岁时，其祖馨临终，抚之曰："所恨者，不得见汝成人耳。"因以所用之砚与之。至五岁，祖母以告乔，乔捧砚涕泣不已。父粲得狂疾②，乔与弟屏弃一切，专心侍奉，足不出乡，累征不赴。腊夕③，人盗砍其树，乔佯不闻，其人愧而归之。乔曰："取薪以供亲暖，何愧为？"

【注释】

①承欢：指侍奉父母。
②狂疾：疯癫病。
③腊夕：农历十二月的夜晚。此处指除夕夜。

【解析】

西晋有一个名叫范乔的人，在他两岁的时候，他的祖父范馨就去世了。祖父在弥留之际，抚摸着孙子说："我最遗憾的事，就是不能看着你长大成人啊！"随后范馨交代家人将自己日常所用的砚台送给范乔，鼓励他日后用功读书。

等范乔五岁时，祖母便把祖父送他砚台的事情告诉了他，范乔听后，非常难过，捧着砚台大哭起来。

后来范乔的父亲生病，神志不清，范乔便放下自己手头的一切事务，与弟弟一起回乡照顾生病的父亲。他事事亲力亲为，无微不至地照顾生病的父亲，一直陪伴在父亲身边，从未走出过乡村。朝廷屡次征召他到别处做官，他都拒绝了。

有一年除夕夜，有人偷砍范乔家的树去做柴火，范乔在屋内假装没有听到，偷偷砍树的人觉得非常惭愧，向范乔道歉，要把柴火还给范乔。范乔真诚地说："天气这么冷，你砍树做柴火，想必也是为了家中的父母妻儿吧，何必为此感到惭愧呢？"

一个只有五岁的孩子，在听到祖父留给他砚台的事时，哭泣不止，可见范乔从小便孝顺善良。后来在父亲生病时，他也一直陪伴在父亲身边，细心地照顾父亲，从不抱怨。更难得的是，除了亲人，范乔推己及人，对待陌生人也一样仁慈宽厚。

寿昌弃官

寿昌离母，历五十年，弃官寻觅，骨肉团圆。

【原文】

宋朱寿昌，年七岁，生母刘氏，为嫡①母所妒，出嫁。母子不相见者五十年，寿昌屡求不获。神宗朝，弃官入秦，与家人诀，誓不见母不复还。行至同州得之，母年七十余。寿昌乃迎归，并迎其同母弟妹共居焉。

【注释】

①嫡：dí，正室，正妻。

【解析】

宋朝有一个名叫朱寿昌的人，他的父亲在宋真宗年间担任工部侍郎。在他七岁时，生母刘氏因被正室忌妒，被迫改嫁。从此朱寿昌与母亲再也没有见过面。

朱寿昌长大以后到外地做了官，仕途顺利，但他一直日夜思念着母亲，想找到母亲，与母亲一起生活。

朱寿昌先后在不同的地方做官。每到一个地方，朱寿昌首先要做的，就是打听母亲的下落，可是五十年来母亲一直杳无音讯。

一直到神宗年间，朱寿昌的头发都白了，可他对母亲的思念有增无减。虽然他做了高官，衣食不愁，可只要想到自己的母亲，便难以安心。

朱寿昌想到母亲已经年老，如果再找不到，恐怕这辈子再也无法相见了。于是他辞去官职，踏上了寻找母亲的路程。临行前，朱寿昌与家人告别说："我必须找到我的母亲，否则这将是我永远的遗憾，我这辈子都不会安心的。"

功夫不负有心人，朱寿昌历经艰难，终于打听到母亲流落到了陕西一带，于是他立刻前往，终于在同州找到了母亲。

当年母子分离时，母亲还很年轻，朱寿昌也只是一个小小孩童，如今再次相见，母亲已经白发苍苍，朱寿昌也年过半百。母子相见，抱头大哭，朱寿昌见到母亲哭得像个小孩子一样。朱寿昌将母亲和同母的弟弟妹妹们都接回家中一起生活，奉养母亲直到她去世。

有人将朱寿昌千里寻母的事情告诉了宋神宗，宋神宗非常感动，让朱寿昌官复原职。当时著名的文豪苏轼、王安石等人，也纷纷写诗文赞颂朱寿昌寻母的事情，朱寿昌孝顺的名声传遍天下。

兰姐善谏

兰姐阿家，常骂祖姑。童媳跪谏，好作规模。

【原文】

明童养媳兰姐，年十二，见其姑常与祖姑口角，辄①骂老而不死为厌物。兰姐乃于夜静，泣跪姑前曰："姑与祖姑口角，示人榜样。日后姑老，人亦视为厌物，奈何？人孰不老？修短②有数。媳愿姑亦如祖姑之寿也。"姑感悟而孝。兰姐后生五子，两登科甲。

【注释】

①辄：副词。每每；总是。
②修短：长短。指人的寿命。

【解析】

明朝有一位十二岁的童养媳名叫兰姐。有一次，她看见自己的婆婆和太婆婆争吵，婆婆不断辱骂太婆婆，说太婆婆是个惹人讨厌的、老不死的东西。兰姐听后，想去劝劝婆婆，但顾及婆婆的面子，没有当着众人的面说。于是，她便在深夜去找婆婆。

她流着眼泪对婆婆说道："婆婆和太婆婆，你们的一言一行，都会对我们这些晚辈产生影响。如今您这样辱骂太婆婆，说她是个老不死的讨厌东西，如果将来婆婆老了，晚辈们也像您今天对待太婆婆这样对待您，您也会非常伤心吧。人人都会有年老的时候，有需要别人照顾的时候，人的寿命有长短，但我希望婆婆能和太婆婆一样长寿。"兰姐的婆婆听了她这番话，非常羞愧，也幡然醒悟，从此孝顺地侍奉长辈。

兰姐当时只是一个十二岁的小女孩，却深明大义，在夜深人静的时候劝谏婆婆，让婆婆意识到自己的问题，同时还维护了婆婆的面子。她劝谏的话语说得那么得体有理，不仅让婆婆意识到了自己的错误，还让她下决心痛改前非。

善于劝谏的兰姐，真是善良又聪慧。

杨黼①活佛

杨黼修心，无际良箴②。母即活佛，倒屣披衿③。

【原文】

　　明杨黼慕蜀中无际大师，往访之，途遇老僧呼黼姓名，曰："无际大师是我之师，命我迎汝传语，见无际不如见活佛。"黼曰："活佛安在？"僧曰："但东归，见披衿倒屣者是矣。"黼遂回，夜半扣门。母闻声喜甚，遂披衿倒屣而出。黼大悟，自是竭力孝亲，并注《孝经》数万言。

【注释】

①黼：fǔ，古代礼服上绣的半黑半白的花纹。此为人名。
②箴：劝告，劝诫。
③衿：古代衣服的交领。

【解析】

明朝有一个叫杨黼的人，他非常仰慕一位住在四川，很有修为的无际大师，便决定亲自去四川拜访他。

杨黼收拾好行李，带好干粮，和父母打了声招呼便出门了。走到半路时，杨黼碰见一个衣衫褴褛的老和尚，老和尚喊着杨黼的名字，对他说："我是无际大师的徒弟，他让我下山来迎你，顺便带句话给你。"

杨黼疑惑地问道："请问无际大师说了什么话？"

老和尚说："无际大师让你止步于此，不要再向前了。你专程赶到这里来见他，还不如去见活佛啊。"

"活佛是谁？在什么地方呢？"

"你从这里出发，一路向东方走去，会遇见一个披着衣服，倒穿鞋子的人，那便是活佛了。"

杨黼听了老和尚的话便转身向东走去，走到半夜，竟然到了自己家门口。杨黼想了想，决定先住一晚，第二天再出发。

杨黼的母亲听到他的脚步声，知道是自己的儿子回来了，非常欢喜，于是急急忙忙披着衣服，倒拖着鞋子便出去开门了。她一边开门一边问道："怎么现在回来了，吃没吃晚饭呢？"杨黼低头，看到母亲因为着急而来不及穿好的鞋子，恍然大悟：自己一心寻找的活佛，竟然就近在眼前啊！从此，杨黼明白了，陪伴关心父母要比去寻找活佛更有意义。

在天寒地冻的夜晚，如果是去敲别人家的门，并不一定能得到回应，只有母亲听到儿子的敲门声会马上起身，因为担心儿子受冻，连鞋子都来不及穿好便出去开门。母亲的这种慈悲心，与活佛又有什么两样呢？家家都有这样的活佛，可是人们却常常忽略父母，看不到父母对自己的爱与疼惜，看不到父母的珍贵啊！

悌

周公祝代

周公兄病，为告三王。愿以身代，祝册①深藏。

【原文】

周公姬旦，武王之弟。武王克②商二年，有疾弗豫③。周公为坛，植④璧秉珪⑤，告太王、王季、文王，愿以身代。武王疾旋瘳⑥，其祝册纳于金縢⑦。后遭流言，居东。成王感风雷之变，与大夫冠弁⑧朝服，启金縢，乃得周公所自以为功代武王之书。成王执书以泣，遂亲迎周公而归。

【注释】

①祝册：帝王祭祀用的文书。
②克：战胜，攻下。
③豫：安闲，舒适。
④植：通"置"。安放，放置。

⑤珪：同"圭"。古代帝王或诸侯在举行典礼时拿的一种玉器。

⑥瘳：chōu，病愈。

⑦金縢：指收藏书契的柜子或匣子。

⑧冠弁：古代礼帽的总称。弁，biàn。

【解析】

周武王的弟弟周公，纯良仁厚。周武王即位后，周公辅佐兄长处理朝政，尽职尽责，任劳任怨。

有一次，周武王生了重病，病情严重。周公便设坛祭天，真诚地向上天祈祷："我的兄长为了国家长治久安，百姓安居乐业，积劳成疾，希望他能尽快好起来。我情愿代替兄长生病，情愿代替兄长承受灾祸！"史官在一旁将周公的祈祷文记了下来，并装在一个柜子里封存起来。

周武王去世以后，他的儿子周成王即位。周成王年纪还小，周公便经常代替成王处理朝政大事，十分辛劳。朝中大事不断，周公非常忙碌。周成王慢慢长大，能够独当一面，周公便逐渐让周成王处理政事，自己在一旁辅佐。尽管周公为国家尽心尽力，还是有人在周成王面前诬陷周公，说他野心勃勃，想要篡位。这些话传到了周公的耳朵里，他非常难过，便决定离开王都，到楚国去避嫌。

后来周成王去太庙祭拜时，看到了一份祭祀文书，里面记载了周公情愿代替周武王承担灾祸的事，周成王非常感动。除此之外，周成王还听说了周公在他小时候，为他祈祷，希望他平安健康长大的事。周成王想到周公陪伴着年幼的自己，尽心尽力辅佐，对待自己如同对待亲生儿子一般亲切，不禁痛哭出声。他亲自迎接周公回朝，并请他继续在一旁辅佐自己。周公回来后，兢兢业业辅佐周成王，并亲自制礼作乐，让百姓过上了太平日子。

周公去世时嘱咐周成王："就把我葬在洛邑吧，我是成王的臣子，要一直守护成王。"周成王觉得周公对周朝贡献巨大，为了表示对他的尊重，将周公葬在了周文王和周武王的墓旁。

周公能够尽心尽力辅佐周武王和周成王，是因为他心中有着对兄长的爱与敬重。无论是对兄长还是对侄子，周公都愿意为他们舍弃生命。一个人能够孝顺父母，友爱兄弟，便会有一个和谐的家庭，家庭能够和谐，国家自然能够和顺。

郑均悟兄

郑均为佣，爱兄真切。兄感其言，遂为廉洁。

【原文】

汉郑均兄为县吏，颇受礼遗①，均数谏不听。乃脱身②为佣，岁余，得钱帛，归以与兄曰："物尽可复得，为吏坐赃，终身捐弃。"兄感其言，遂为廉洁。均好义笃实，养寡嫂孤儿，恩礼备至。再迁尚书③，数纳忠言。肃宗敬重之，东巡过均舍④，赐尚书禄终其身，人号为白衣⑤尚书。

【注释】

①礼遗：指馈赠之物。
②脱身：抽身摆脱。
③尚书：政府各部的最高长官。

④舍：房屋（住宅）。

⑤白衣：古代平民服。代指平民，亦指无功名或无官职的士人。

【解析】

汉朝有一个名叫郑均的人，他正直诚实，很有德行。郑均的哥哥在县衙门里做官，常常收受别人送来的礼物。郑均觉得这样做不对，便劝哥哥说："收别人送的礼物，是非常不妥当的做法。你这样一直不拒绝别人送来的金银财物，一定会招来祸患。"这样反复劝谏几次后，郑均的哥哥还是听不进去，郑均便离开家到别处做工去了。

一年多以后，郑均回到家里，他把一大包金银财帛交给哥哥，并对哥哥说："钱如果用完了，可以用劳力去换取，可如果你犯了受贿的罪，受损的不仅是你一生的名誉，你的生命也会受到威胁，何必为了一点钱财就做这种危及自身的事情呢？"哥哥听完他的话，终于醒悟过来。他退还了之前收到的礼物，决心痛改前非，不再贪小便宜，随便收受礼物了。

郑均的哥哥去世以后，郑均尽心照顾嫂子与侄子，没有半句怨言。后来他做了尚书官，也依旧刚正不阿，廉洁自律。他常常劝谏皇帝，从不畏惧。肃宗皇帝觉得他品性高尚，非常敬重他，赏赐他终身享受尚书的待遇，因此，人们又称他为"白衣尚书"。

　　兄弟姐妹之间，应该互相帮助，互相督促，共同进步。郑均对自己的哥哥，可以说是尽心尽力了。在看到哥哥做出不妥当的事情后，他没有视而不见，而是一直劝导哥哥改过。哥哥不肯听他说的话时，郑均也没有就此放弃，而是身体力行地去劳动，将自己辛苦换来的钱财摆在哥哥面前，以此来劝谏哥哥不要因为一点蝇头小利便做出有损名誉、危及生命的事情，他对哥哥的情义让人感动。正因为有郑均这样的弟弟，他的哥哥才不至于做出错误的选择。

穆姜仁爱

穆姜温仁，化继为亲，四子改过，母氏艰辛。

【原文】

汉陈文矩妻李穆姜，早寡。有二男，而前妻四子，以母非所生，谤毁日积。穆姜衣食抚字^①，皆倍所生。前妻长子兴疾笃^②，母亲调药膳，忧劳憔悴。兴瘳^③，呼三弟谓曰："继母慈仁，出自天性。我兄弟禽兽其心，过恶深矣。"遂将三弟诣^④县，陈母之德，状己之罪，乞就刑。县言之郡，郡守表其母，四子许令自新，皆为良士。母八十余卒。

【注释】

①抚字：抚养。
②笃：病情加重。

③瘳：chōu，病愈，恢复健康。
④诣：yì，前往，去到。

【解析】

    汉朝有一个名叫陈文矩的人，他的第二任妻子李穆姜是一个仁厚慈爱的人。陈文矩与前妻有四个儿子，与李穆姜又生了两个儿子。在李穆姜还很年轻的时候，陈文矩便去世了。李穆姜独自抚养家中的六个孩子，非常辛劳。

    尽管李穆姜任劳任怨地照顾着几个孩子，陈文矩前妻的四个儿子还是时常在背后说李穆姜的坏话，经常提出苛刻的要求为难她。李穆姜虽然辛苦，但并没有责怪那几个孩子，反而对他们比从前更好，给他们的衣服和食物也比给亲生儿子的好很多。她的两个儿子抱怨道："母亲您这么关爱几个哥哥，可是他们却时常说您的坏话，真是太不讲道理了。"李穆姜听后回答道："不要这样想。他们几个都是你们的哥哥，对待自己的哥哥要谦虚恭敬一些，你们既然是兄弟，就应该相互爱护、相互体谅、相互包容才对。更何况他们的母亲去世得早，早早就失去了母亲的疼爱，都是很可怜的孩子。他们在背后议论我也没关系，我还是希望能够照顾他们。"陈文矩前妻的儿子们听到这话后，都觉得很惭愧。

    有一次，前妻的大儿子陈兴生了重病，病情非常严重，李穆姜便亲自给他熬药，日夜辛苦地看护，面容憔悴了很多。李穆姜的两个儿子也忙前忙后地照顾哥哥，没有再抱怨过。陈兴看后母和弟弟们这样爱护自己，非常感动，也非常内疚。等他病好后，便对自己的三个弟弟说："后母仁厚慈爱，在我生病时，不分昼夜地照顾我，弟弟们也那么懂事，可是我们却经常为难他们，真是太不应该了！我们有罪啊！"其他三个人也非常惭愧，于是兄弟四人便去县官面前说了这件事，讲述了他们为难李穆姜和弟弟们的一些事，并表示甘愿受罚。县官很惊讶，便将这件事上报到郡里，郡守听后，并没有惩罚他们，只是勒令他们改过自新，好好孝顺后母，爱护自己的弟弟。由于李穆姜德行出众，郡守特意表彰了她。

后来，四个继子都成为贤良的人，李穆姜也一直活到八十多岁才去世。

敦妻担金

汝敦之妻，克尽悌道。与夫担金，还其兄嫂。

【原文】

魏汝敦妻，广汉人。敦家富早孤。嫂贪吝，敦以所受田产，悉让与兄，留园田耕作。土中得金一器，以示妻。妻曰："此金藏自先人，既让矣，不当复留。"乃与敦担金还兄。嫂初疑其来贷①，不悦，见金大喜。兄恻然②曰："吾独何人，而让弟独为君子耶？"遂弃妻还金，与敦相爱如初。

【注释】

①贷：指借钱。
②恻然：哀怜貌，悲伤貌。

【解析】

三国时期，魏国有一个名叫汝敦的人，汝敦家里很富有，但父母很早就过世了，汝敦和哥哥一起长大。

长大后，两兄弟相继成了亲，准备分家。汝敦的妻子贤良明理，汝敦的嫂子却贪心又吝啬，汝敦和妻子商量过后，决定把分得的田产全部都让给哥哥，自己只留了一块园地耕作。

有一天，汝敦在园子里耕种时，从土里挖出一罐金子，他把金子拿给妻子看，妻子看后说："这些金子一定是我们的祖先埋的，既然我们把那些田产都让给了哥哥，那这些金子也不该留下。"汝敦很赞同妻子说的话，便与妻子一起，将金子给哥哥送去。

汝敦的嫂子开始以为他们是来借钱的，非常不高兴，后来看见了金子，才高兴起来。汝敦的哥哥感慨道："弟弟对我这样有情有义，这样真诚，我难道要做一个贪恋财富，不顾兄弟情义的小人吗？"于是将金子退还给弟弟，两兄弟和从前一样相亲相爱。

汝敦和妻子知道嫂子贪心，不想因为财产问题与哥哥发生矛盾，便把家产都让给了哥哥，自己只留了一块耕作的田地。他们在自己的田地里挖出金子后，也没有贪恋钱财，将金子据为己有，而是直接拿去送给哥哥。他们对哥哥真挚的情意真是让人感动啊。

崔挺世悌

崔挺爱弟，让宅推田。全家行悌，启后承先。

【原文】

　　北魏崔挺三世同居，岁饥，始析①。与弟振推让田宅，仅守墓田。挺有六子，共敦悌道。长孝芬，诸弟孝暐②等奉如父，诸妇亦相亲爱，有无共之。孝演、孝政先卒，孝芬与弟恸哭，绝肉蔬食。初，振亡，孝芬等奉叔母③，若所生。家事悉咨决，财物尺寸皆归库。四时分赉④，叔母主之。

【注释】

①析：分开；分散。
②暐：同"炜"。
③叔母：叔父的妻子。
④分赉：犹分赐。赉，lài。

【解析】

北魏有一个名叫崔挺的人，三代人一同居住在一个大家庭里，一大家人非常和睦，从来没有争吵过。

有一年，崔挺的家乡赶上大饥荒，三代人迫不得已才分了家产，分开生活。崔挺和弟弟崔振，互相谦让，谁也不肯要良田和房屋，都想把更好的东西留给对方。两兄弟守着祖坟前面的几亩田地生活，日子过得非常和顺。

崔挺有六个儿子，相互之间非常友爱。大儿子崔孝芬很用心地照顾弟弟们，弟弟们也像敬重父亲一样敬重他。几个媳妇也都相亲相爱，经常相互赠送东西。弟弟崔孝演、崔孝政过世后，崔孝芬和其他弟弟哭得非常伤心，从此不再吃肉食，只吃素菜。叔父崔振死后，崔孝芬带领着弟弟们侍奉叔母，对待叔母就像对待自己的母亲一样尊敬。家里的大小事务都要向叔母咨询意见，所有的财物无论多少都统一放到库房，等到四季分享的时候，才由叔母主持分配。

崔挺和崔振友爱谦让，相互推让田产，他们的孩子被他们兄弟间的情义打动，也纷纷效法他们，敬爱长辈，友爱兄弟。崔氏全家，恪守孝悌之道，家庭成员之间互敬互爱，因此始终都能保持和睦。

彦霄析箸①

彦霄析箸，兄产荡然。置酒焚券②，迎兄归焉。

【原文】

晋赵彦霄与兄彦云，亲丧，同爨③十二年。彦云浪游废业，彦霄谏不听，遂求分析。越五年，兄产荡然，逋负④盈门，渐欲逃亡。彦霄因置酒迎兄嫂饮，告曰："弟初无分爨意，以兄不节用，敬为守先业之半。今请归，仍主家政。"即取分券，火之，出所蓄，偿诸负。兄惭，遂改过焉。

【注释】

①析箸：谓分家。箸，筷子。
②焚券：指烧毁债券买得人心的典故。
③爨：cuàn，烧火做饭。
④逋负：拖欠赋税、债务。

【解析】

　　晋朝有一个名叫赵彦霄的人，他有一个哥哥名叫赵彦云。他们的父母去世后，两兄弟一起生活了十二年。哥哥赵彦云有些懒散，喜欢到处游荡，没有一份正当职业。赵彦霄不止一次劝告哥哥，让他勤勤恳恳地做一件事，但赵彦云总是不肯听。多次劝告无用后，赵彦霄便要求分家。

　　两兄弟各自分了一份家产，之后便各过各的日子。

　　分家五年后，哥哥赵彦云不仅变卖了所有的家产，花光了所有的积蓄，还欠下很多债，向他讨债的人把他家的门槛儿都要踏破了。

　　赵彦云没有能力偿还那么多债务，便想着逃走了事。就在他准备逃跑的时候，弟弟赵彦霄找上了门，请哥哥和嫂嫂到家里吃饭。席间，赵彦霄对他们说："其实，我并不是真心想和哥哥分家，只是我看你吃穿用度太过浪费，从来不知道节省，我劝了你无数次，你都不肯听，我实在没有办法了，才提出分家。这样，即使你耗尽积蓄，祖先留给我们的家产，我还能够保住一半。现在我把我保存的家产交给你，你先去偿还债务，从今往后，要吸取教训，不要再重蹈覆辙了！"说完，赵彦霄便把分家文书用火烧掉了。哥哥赵彦云听了弟弟的这番话，非常惭愧，从此改过自新，开始勤勤恳恳地生活。

　　赵彦霄不仅对哥哥有情有义，还充满智慧，令人敬佩。

田真叹荆

田真昆仲，议^①分紫荆，树即枯死，悲悔同声。

【原文】

隋田真、田庆、田广兄弟三人，议分财产，资皆均平。堂前有紫荆树，茂甚，议分为三，其树即枯。真叹曰："树本同株，闻将分斫^②，所以憔悴^③。是人不如木也。"因悲不自胜。兄弟复同居，愈相友爱，紫荆复荣茂如故。

【注释】

①议：讨论，商量。
②斫：zhuó，用刀、斧等砍劈。
③憔悴：枯萎，凋零。

【解析】

　　隋朝时有三兄弟，分别叫田真、田庆、田广。兄弟三人已经长大成人，准备分家。

　　他们汇总了家里的钱财产业，打算平均分配。在他们的祖屋堂前，有一棵紫荆花树，长得很高，很茂盛。兄弟三人都很喜欢这棵紫荆花树，于是决定把这棵紫荆花树也分作三份。没想到的是，他们还没来得及分，这棵紫荆花树竟然瞬间枯死了。

　　大哥田真看了一眼枯萎的紫荆花树，不禁感叹道："树木本是同株连根的，一听到我们要将它砍成三份，顷刻间便枯萎了。我们兄弟三人，同父同母，一起成长，就像这棵紫荆花树一样，可现在我们却要分家，真是连一棵树都比不上啊！"两个弟弟听了，也都难过地叹起气来。兄弟三人都觉得很惭愧，于是决定仍旧一起生活，不再提分家的事了。

　　从此以后，兄弟三人更加和睦友爱了。那棵紫荆花树，竟然重新复活了，而且长得比以前更茂盛。

　　如果说父母是一棵大树的主干，兄弟姐妹就是一棵树上的枝丫，人们形容兄弟姐妹时常常说"同气连枝"，这是非常形象而又贴切的。兄弟姐妹之间互相关心爱护，家庭之树才能茂盛繁荣；兄弟姐妹之间如果争吵不休，家庭之树也会渐渐枯萎。

李绩焚须

李绩在官，为姊煮粥，火焚其须，不用妾仆。

【原文】

唐李勣①，字懋②功，本姓徐，太宗赐姓李，以功封英国公。初为仆射③时，其姐病，勣亲为燃火煮粥。风回，焚其须。姐曰："仆妾多矣，何自苦如此？"勣曰："岂为无人耶？顾今姐年老，勣亦老，虽欲数为姐煮粥，其可得乎？"

【注释】

①勣：同"绩"。
②懋：mào。
③仆射：唐官制分左右仆射，为宰相之任，辅佐天子，议大政。

【解析】

唐朝有一个大臣名叫李绩。李绩原本姓徐，因为他很有学问，唐太宗很看重他，便封他做了英国公，赐了国姓给他。

李绩初任宰相时，他的姐姐生了重病，吃不下饭。得知消息后，李绩立刻亲自到厨房烧火煮粥给姐姐吃。火点好后，突然吹来一阵大风，风吹起火苗，竟把李绩的胡子给烧着了。仆人们赶快上前灭火，但李绩的胡子还是被烧掉很多。姐姐看到后说："家里有这么多仆人，煮粥的事情就让他们去做吧，你何必自己这么辛苦呢？"李绩答道："并不是因为没有人帮忙，我才亲自动手的。只是觉得时间过得太快了，好像昨天我们还在父母身边嬉笑玩耍，今天我们就都老了，姐姐老了，我也老了。我能为你做的事情太少太少了。我们都这么大年纪了，往后就算是我想为你煮粥，恐怕也没有多少机会了吧。"姐姐听完，也不禁一声长叹，理解弟弟的一片苦心了。

寻常人家，姐姐出嫁后，与弟弟在一起的时间就会变少，但血脉相连，无论相隔多远，互相牵挂的心都不会改变。故事中，李绩虽然贵为宰相，却亲自为生病的姐姐煮粥，连胡须烧着了都不在意，他对姐姐真挚的爱让人动容。

余陈让产

余楚继妻，让产前子。教翼远游，卒成进士。

【原文】

宋余楚继妻陈氏，生子翼。三岁而楚死，陈氏尽以其产与前妻二子，谓翼曰："彼无母，勿以此为争也。"翼年十五，使游学四方。氏穷窭①，几无以自存。翼在外十五年，成进士归，迎母入官。氏闻前妻二子贫困，又收养而存恤②之。

【注释】

①穷窭：贫穷。窭，jù。
②存恤：慰问救济。

【解析】

　　宋朝有一个名叫余楚的人，他和第一个妻子生了两个儿子。后来妻子过世，余楚又娶了第二个妻子陈氏，生了一个儿子，名叫余翼。

　　余翼三岁时，余楚去世了。陈氏把家产都分给了两个继子，什么都没有给自己和儿子留下。儿子很不理解，她便对儿子说道："你两个哥哥的母亲去世的早，没有母亲照料，他们已经非常凄苦了，多分给他们一些，也是对他们的一种安慰啊！你还有母亲在身边，就不要去和你的哥哥们争家产了。"余翼听了母亲的话，觉得非常有道理，便没有与哥哥们因为家产的问题发生矛盾。

　　余翼十五岁时，陈氏便叫他到外面游学去了。余翼走后，陈氏节衣缩食，日子过得非常穷苦。余翼在外面学习十五年后，中了进士回来，他把母亲接到官府一起生活，母子二人的生活过得宽裕了一些。

　　后来，陈氏打听到，余翼的两个哥哥生活非常穷苦，便把他们接过来同住，时刻照应着他们，像对待自己的亲生孩子一样。

　　一般情况下，继母常常会偏爱自己的孩子，在分家产的时候都会想尽办法让自己的孩子多分一点。但陈氏却顾念两个继子早早失去母亲的凄苦，将家产都分给了两个继子，自己和儿子一直过着穷苦的生活。在生活富裕以后，又挂念着两个继子，邀请他们来与自己一起住，时刻照顾着他们。这样的继母，和亲生母亲又有什么分别呢？

蔡廓奉兄

蔡廓事兄，咨^①而后行。起造二宅，东宅先成。

【原文】

南宋蔡廓，济阳考城人。言行以礼，母丧三年，不栉不沐^②。奉其兄轨如父，家事大小，皆咨而后行。公禄赏赐，一皆入于轨。罢豫章郡^③还，起二宅，先成东宅，与兄轨居之。后廓卒，轨致仕^④归，送钱五十万，以补宅值^⑤。廓之少子兴宗甫^⑥十岁，亦能体父意，白其母却^⑦之。

【注释】

①咨：商议，询问。
②栉：梳头。沐：洗头发。
③豫章郡：豫章太守。

④致仕：辞官。

⑤值：价值，价钱。

⑥甫：刚刚，才。

⑦却：退还，不受。

【解析】

　　南宋有一个名叫蔡廓的人，为人谦和恭谨，一言一行都严格遵守礼法。

　　蔡廓的父母去世后，他和哥哥蔡轨一起生活。蔡廓侍奉哥哥像侍奉父亲一样恭敬有礼。家里的大小事务，蔡廓都要先询问过哥哥的意见之后再作定夺。他做官所得的俸禄和赏赐也全部交给哥哥统一保管。

　　兄弟二人都在朝为官。蔡廓辞掉豫章太守的官职回家后，请人建了两间新房。他嘱咐工人先建好东边的房子，给哥哥蔡轨居住。

　　后来，蔡廓去世了，哥哥蔡轨非常伤心，也辞掉官职回家。他送了五十万钱到蔡廓家，用来补偿房子的价值。蔡廓的小儿子蔡兴宗当时年仅十岁，他对母亲说："如果父亲在世，一定不会收伯父的钱。所以，我们也不能收下这笔钱。"于是，他们将五十万钱悉数退还给了蔡轨。

　　蔡廓对待哥哥蔡轨恭敬有礼，凡事都会提前询问哥哥的意见；做官所得的俸禄和赏赐也全部交给哥哥统一保管；建造房屋时，蔡廓也会特意让人先把哥哥的房子建好。蔡廓对哥哥诚挚的心意令人感动。他的小儿子蔡兴宗，年仅十岁便能体察父亲的意愿，友爱兄弟、敬重长辈，将伯父送过来的钱悉数退回，可见孝悌的传承多么重要。

俞王劝翁

俞妇王氏，劝翁重兄。七分田宅，勤俭治生。

【原文】

明俞僧妻王氏，新昌人。僧无兄弟，而伯有六子，甚横，欲七分其田宅。僧父持之坚，遂交恶。王氏知之，白僧父曰："财重乎？兄弟重乎？愿翁慎所处。"僧父从之。僧伯大喜，遂式好如初。王氏勤治生，后十余年，伯产尽归王氏。

【解析】

明朝有一个名叫俞僧的人，与自己的父亲、伯父等人一起生活在一个大家庭中。俞僧没有亲兄弟，但他伯父有六个儿子，是他的堂兄弟。俞僧的伯父蛮横不讲理，经常会做一些无理取闹的事情，搅得家里不得安宁。

有一天，俞僧的伯父突然提出要分家，并主张将田地房屋分成七份，俞僧一份，自己的六个儿子每人一份。俞僧的父亲觉得这样很不公平，始终不肯同意。两兄弟经常为这件事情发生争执，吵得不可开交。

俞僧的妻子王氏劝俞僧的父亲说："世间最珍贵的东西难道是钱财吗？兄弟之间的感情是比钱财更珍贵的东西啊！钱财可以获取，兄弟之间如果伤了情分就难以弥补了。你们两位都有儿子，应该做他们的榜样啊！你们为了家产争吵不休，他们也会觉得，比起兄弟情义，钱财更加重要。希望您仔细考虑目前的情况。"俞僧的父亲听从了王氏的话，不再去争家产，俞僧的伯父很高兴，两兄弟和好如初。王氏勤俭治家，过了十几年，俞僧伯父的产业也都尽数卖给了王氏。

比起钱财，兄弟姐妹之间的情义是更加珍贵的东西。这样简单的道理，却有很多人不懂。也有人虽然懂得这个道理，却做不到。王氏能够及时提醒公公，劝他珍惜兄弟之情，真是难得啊。

郑湜争狱

郑湜兄老，愿自服辜。与濂争狱，太祖知诬。

【原文】

　　明郑湜，濂之弟也，其家十世不异爨。被人妄讦①，谓其家与胡惟庸交通②。湜兄弟六人，湜独诣吏请行。濂先在京，湜至，濂迎谓曰："吾家长，当任罪。"湜曰："兄老，吾当服辜。"二人争赴狱。太祖闻之曰："我知郑门无是，人诬之耳。"俱召入，劳而宥③之，诏赐酒食，擢④湜为福建参议⑤。

【注释】

①讦：攻击别人的短处或揭发别人的隐私。
②交通：交往。
③宥：宽容，饶恕，原谅。
④擢：提拔，提升。

⑤参议：官名。

【解析】

明朝有一个名叫郑湜的人，他有一个哥哥名叫郑濂，在京城做官。郑家兄弟六人一向和睦，已经十代都没有分过家了。有一次，郑家被人诬陷与逆犯胡惟庸来往密切，郑湜便独自去官府，请求衙役把自己押解到京城，不要为难郑家其他人。

郑湜到了京城后，郑濂来迎接他，对他说："我们的父母已经过世了，我是你们的兄长，等同于一家之长，这件事当然是由我来承担罪责，又怎么能让无辜的你受罪呢？"郑湜不忍地说："哥哥年纪大了，怎么能经得住牢狱之苦呢？就让我去承担这个罪责吧。"兄弟俩说完，抱头痛哭，谁也不忍心让对方进监牢，都争抢着要保护对方。很快，太祖皇帝听说了郑家兄弟争着入狱的事，感动地说："郑家兄弟这么友爱，我相信郑家绝对不会做出勾结逆犯的事，他们一定是被人诬陷的。"说完，便派人去查明整件事情的原委，并将郑家兄弟召进宫慰劳了一番，赏赐了酒食给他们吃。

胡惟庸一案，受牵连的人众多，他们大多没能幸免于难。郑湜、郑濂两兄弟为了保护对方，争抢着入狱，却被皇帝赦免。我们身边有一些兄弟经常因为一些微小利益争吵不休，遇事只知道逃避，这些人在郑氏兄弟面前，真该觉得羞愧啊。

黄玺寻兄

黄玺寻兄，万里远行。梦中得句，伞柄留名。

【原文】

明黄玺兄伯震，商十年不归。玺求之，行万里不得。祷南岳庙，梦神授以"缠绵盗贼际，狼狈江汉行"二句。一书生曰："此杜甫《舂陵行》①诗也。舂陵即今道州，盍②寻之？"从其言。一日入厕，置伞道旁。伯震过之，曰："吾乡伞也。"视其柄，有"余姚黄玺"字。方疑骇③，玺出问讯，则兄也。

【注释】

①《舂陵行》：指杜甫的《同元使君舂陵行》这首诗。
②盍：何不。
③疑骇：疑惧；惊骇。

【解析】

　　明朝时，余姚有一个名叫黄玺的人，他的哥哥黄伯震在他很小的时候就外出做生意，十几年都没有回家。黄玺十分想念哥哥，决定去寻找他。他去了很多地方，都没有打听到哥哥的消息。黄玺很难过，但他还是不想放弃。

　　有一天，黄玺经过南岳庙，便到庙里去祈祷自己能够快点找到哥哥。晚上他睡着后，梦到有人给他读了两句诗："缠绵盗贼际，狼狈江汉行。"醒来后，黄玺有点疑惑，便把这两句诗记下来，拿给一个读书人看。读书人对他说："这是杜甫所作《同元使君春陵行》中的两句诗，春陵就是现在的道州一带，你可以去那里寻找你哥哥，说不定会有消息的。"黄玺听后，便去道州一带继续寻找哥哥了。

　　到了道州以后，黄玺找了几天，还是没有消息。有一天他去上厕所时，随手将自己的伞放在了外面。这时刚好有个人经过，看见那把伞后便停住了脚步。那人一边看一边感慨道："这是我故乡余姚出产的伞啊。"说完又走近去看，看到伞柄上写着"余姚黄玺"四字，非常惊讶。黄玺出来后看到有人一直盯着他的伞看，觉得很疑惑，便上前询问，一问才知道，这个人就是他找寻多年的哥哥黄伯震。兄弟二人多年不见，彼此的样貌都改变了很多，两人抱头痛哭、感慨万千。

　　许多人万里寻亲，但不一定能够找到自己的亲人。黄玺多年来一直坚持寻找哥哥，始终没有放弃，兄弟二人终于团聚。

魏王谢过

王氏代钟，谢过于镛^①，母族一息^②，劝夫宽容。

【原文】

明魏钟偶失于其兄，妻王氏闻之，治具^③延兄，为夫谢过，呼二儿使侍食焉。兄镛固俊爽士，叹曰："吾闻兄弟之好，以妇人败，未闻以妇全也。吾弟妇其贤矣哉。"一日，钟嗛^④其表兄之子，曰："卑幼也，乃数犯我。"王氏曰："君母族惟一息耳，奈何不能宽容？"钟瞿然^⑤称善。后孙校成进士，即庄渠先生，人咸论其为母德所致云。

【注释】

①镛：yōng。
②息：儿女。

③治具：备办酒食。

④嗛：xián，怀恨。

⑤瞿然：惊讶的样子。瞿，jù。

【解析】

　　明朝有一个名叫魏钟的人，家中有一个哥哥名叫魏镛。有一次，魏钟因为一些小事得罪了哥哥，兄弟二人吵得不可开交，谁也不肯让着谁。

　　魏钟气冲冲地回家后，妻子王氏询问他原因，魏钟便对妻子抱怨了一通。王氏觉得为这点小事伤了兄弟情义实在不值得，于是便默默地想了个主意。等魏钟出门后，王氏便准备了一桌酒菜，请魏钟的哥哥过来，并叫自己的两个儿子来陪大伯吃饭。席间，王氏诚恳地说："我代魏钟向您谢罪。他不知轻重，冒犯了兄长，实在是不妥当，还请您多多包容，不要责怪他。"魏钟的哥哥魏镛原本就是一个通达直率的人，听自己的弟媳这样说，忙回道："魏钟是我的弟弟，我自然会爱护他。说起来也真是惭愧，为了这么一点小事，伤了兄弟和气，实在是太不应该了！我听说兄弟间的感情会因为妇人的挑拨而破裂，还没有听说妇人成全兄弟感情的。弟媳真是贤良的人啊！"

　　魏钟回来后，兄弟二人便和好如初，再没有为小事争吵过。

　　还有一次，魏钟不满自己表兄的儿子，对妻子说："他这么一个年轻的小辈，竟敢屡次冒犯我。"王氏听了便劝丈夫说："你母亲那边的后代，只剩他这么一个可怜人了。你既然是长辈，就多多包容一些吧，不要太计较了。"魏钟听了很惊讶，非常佩服妻子的大度。

　　王氏一直都能够劝慰丈夫，并时时提醒他敬爱兄长，包容晚辈。这样贤淑有礼的人，真是非常难得了。

忠

龙逢极谏

龙逢谏君，深谋远虑，冀其少悛^①，立而不去。

【原文】

夏桀，暴虐，灭德作威，矫诬^②上天，流毒下国，谏者辄死。关龙逢^③进谏曰："古之人君，爱民节用，享国之日长。今王用财若无穷，杀人若弗胜，人心已去，天命不佑，亡无日矣。盍少悛乎？"不听，龙逢立而不去。桀怒，遂杀之。

【注释】

①悛：quān，悔改。
②矫诬：假借天意以行诬罔。矫，jiǎo。
③逢：páng，龙逢，亦作龙逢。

【解析】

夏朝的最后一位统治者夏桀,穷奢极欲,暴虐无道。他任意妄为,既不遵循祖先遗训,也不关爱百姓。很多忠心耿耿的大臣多次劝谏他要规范自己的言行,但他从不听取,还经常惩罚劝谏他的人。后来只要有人前去劝谏,便会被他处死。百姓们怨声载道,大臣们敢怒不敢言。

当时有一个非常忠诚的臣子名叫关龙逢,他不顾一切前去劝谏,对夏桀说:"古时贤明的君主,爱护百姓,用度节俭,不敢随意浪费资源,因此能保国家长治久安。您现在奢侈浪费,用度没有节制,胡乱惩罚忠臣,杀害无辜的人,已经失去民心,不久后,国家就会灭亡了!臣今天冒死前来,就是希望您能听取意见,不要一错到底啊!"夏桀不听他的劝谏,关龙逢便站在大殿上不肯离开,夏桀大怒,下令将他杀了。

夏桀挥霍无度,滥杀无辜,谁的劝谏都听不进去,正直勇敢的关龙逢,是最后一个劝谏夏桀的人,可夏桀还是没有听取他的忠言。夏朝有这样的统治者,早晚会走向灭亡。果然,后来众多英雄豪杰不满夏桀的统治,纷纷起义,一起推翻了夏朝。

比干死争

比干强谏，尽其忠诚，纣王淫泆^①，遂以死争。

【原文】

殷比干，为纣少师^②，见纣淫泆，叹曰："主暴不谏，非忠也；畏死不言，非勇也。过则谏，不用则死，忠之至也！君有过而不以死争，则百姓何辜？"乃强谏。纣怒曰："吾闻圣人之心有七窍。"遂剖而视之。武王伐纣，封比干之墓。

【注释】

①淫泆：恣纵逸乐。泆，yì。
②少师：辅导太子的宫官。

【解析】

　　纣王的叔父比干，是历史上有名的忠臣。

　　比干看到纣王荒淫无度，非常痛心，感慨道："国君暴虐无度，我作为臣子不去劝谏，那就是不忠；因为怕劝谏以后惹怒国君，就不敢说真话了，那就是不勇敢啊！国君如果有过失，作为臣子，没有尽最大的努力去劝谏，那我怎么对得起天底下的百姓呢？"于是比干便去劝谏纣王，希望他能用心治理国家。纣王一开始不理他，可是比干多次劝谏，不肯罢休，纣王非常生气，说道："我听说忠诚贤良的人都有一颗'七窍玲珑心'，我倒要看看是不是真的。"于是，纣王竟然叫人把比干杀了，剖心给他看。

　　后来，纣王依旧昏庸无度，不听劝谏，引起许多人的不满，最终被周武王所灭。周武王敬佩比干的忠诚，为他修了坟墓。

　　孔子把微子、箕子、比干称为"三仁"。微子多次劝谏无效后，不愿同流合污，便隐身而退，以此来保全自己的生命与名声。箕子劝谏无效后，不愿在朝为官，便装疯卖傻，受尽屈辱，他是要先保全自己的性命，然后再成就名声。比干不顾被纣王杀害的风险，冒死劝谏，是杀身成仁啊。

　　孔子将他们称为仁人志士，是因为他们都心怀仁义之心，一心想着解救天下百姓。尽管最终结果不同，但忠诚的心是没有区别的。

御己农谏

老农御己，谏筑层台。庄王罢役，民歌薪莱。

【原文】

　　周楚庄王筑层台，延壤①百里，大臣谏者皆死。有诸御己者，违楚百里而耕，谓其耦②曰："吾将谏王。"其耦曰："吾闻谏人主者，皆练达之士。今子，老农耳，何谏为？"御己曰："若与余并耕，则比力也。至于说人主，不与子比智矣！"委其耕而入谏。楚王善之，遂解层台而罢民役。

【注释】

①壤：地区，区域。
②耦：ǒu，两个人在一起耕地。此处指在一起耕地的同伴。

【解析】

　　春秋时期，楚国的楚庄王想造一个高台。高台占地面积约一百里，要想建造成功，必定要劳民伤财。百姓们听说了这件事，都非常忧虑。大臣们纷纷谏言，向楚庄王表明造高台的坏处。可是楚庄王一意孤行，不仅不肯听取意见，还处死了那些谏言的大臣们。无人再敢向楚庄王说出真实的想法，群臣百姓都暗自叫苦。

　　就在这时，楚国有一个名叫诸御己的人，准备入朝劝谏楚庄王。诸御己只是一个普普通通的种田人，在楚国百里以外的郊野耕作劳动。他说出自己要去劝谏的想法后，同乡的人都觉得他不自量力、痴人说梦。其中一个与诸御己一同种田的人说："我听说去向国主劝谏的人，都是通晓人情事理的人，你不过是一个老农夫，怎么敢去劝谏楚王呢？"诸御己说："论种田，我们的体力相差不多，可是说到劝谏国主，讲究的就是智力了。"说完，便停止耕作，打包好行李出发了。

　　诸御己很快便到了王宫，他站立在王宫门前不肯离去，并说自己有劝谏楚王的办法。消息传到了楚庄王的耳朵里，楚庄王觉得，一个种田的农夫竟然这么大胆，便叫人带他进来。尽管诸御己衣衫简朴，可他站在楚庄王面前时，不卑不亢，有理有据地为楚庄王分析了造高台可能带来的严重后果，说得楚庄王连连点头，不禁开始反思自己不妥当的行为。后来，楚庄王听从了他的劝谏，不再执意建造高台，并把征募来做苦工的百姓都放了回去。

因为君主的一个决定，百姓便要被征去服劳役。青壮年男子都去做苦工了，田地便会荒芜，年幼的孩童与年老的人免不了要饿肚子。诸御己这样一个普普通通的农夫，能够冒死进谏，及时制止楚王错误的决策，真是勇敢又忠诚。

发母数子

子发之母，数子自私。叩首谢过，然后纳之。

【原文】

周楚将子发攻秦，绝粮。使人请于王，因使问母。母问使曰："士卒无恙乎？"对曰："分菽粒而食之。"又问："将军无恙乎？"对曰："朝夕刍豢①黍粱。"子发破秦归，其母不纳。使人数之曰："昔句践共醇酒，而战自五也；共糗糒②，而战自十也。今士卒菽粒，子独刍豢黍粱。虽幸而胜，非其道矣。子非吾子也，无入吾门。"子发叩首谢，母乃纳之。

【注释】

①刍豢：指牛羊猪狗等牲畜，泛指肉类食品。豢，huàn。
②糗糒：qiǔ bèi，干粮。

【解析】

　　战国时，楚国与秦国开战，楚国将领子发带兵攻打秦国。战争持续了很久，楚军的粮食已经快要吃完了，子发便差人报告楚王，请求楚王支援，并叫他顺路去看望一下自己的母亲。差使去见过楚王后，便赶到子发家问候子发的母亲。子发的母亲听到粮食不够的消息后问道："既然军队缺粮，那士兵们都怎么样了，有没有挨饿呢？"差使回答说："军队中还有很多豆子，兵士们现在靠吃豆子度日。"子发的母亲又问："那么将军怎么样了呢？有没有挨饿啊？"差使回答说："您不用担心将军，将军他早晚都有肉吃，饭菜非常精美，不会挨饿的。"子发的母亲听后便没再说话。

　　后来子发带领的楚军打败了秦军，楚国大获全胜。子发带领楚军回城时，许多人都来迎接他们。子发非常挂念母亲，很快赶回家。可是等他到了家门口，却发现母亲非但没有出来迎接他，还把大门紧紧地关了起来。子发敲门后，开门的是母亲身边的仆人。子发询问母亲为什么不肯见他，仆人回答道："你的母亲让我代她责备你不妥当的做法。她说当年叱咤风云的越王勾践，经常和士兵们一起饮酒，一同吃饭。他和士兵们一起同饮美酒，等到作战时，一个士兵能抵挡五个敌人；他和士兵们一起分享干粮，等到作战时，一个士兵能抵挡十个敌人。如今你做将领，士兵们吃着粗糙的豆子，你却独自享用好肉好饭。你这样的将领，又怎么能算得上忠诚呢？虽然你现在侥幸打了胜仗，可你的做法是不合道义的。她不愿承认你是她的儿子，也不会让你进入她的家门。"子发听了，非常惭愧，叩头谢罪后，他的母亲才打开大门，让他进去。

　　对国家的忠诚体现在方方面面，能够与士兵们同甘共苦，共同抵御外敌，也是一种忠诚。子发的母亲时时刻刻不忘教诲自己的儿子，真是用心良苦。

苏武牧羊

苏武持节，啮①雪餐毡，牧羝海上，一十九年。

【原文】

汉苏武，持节送匈奴使归。单于②欲降之，武引刀自刺，气绝，半日始息。幽置大窖③中，武啮雪与旃④毛，咽之。旋徙武北海上无人处，使牧羝。羝乳⑤乃得归。武掘野鼠，去草实而食之。居十九年，得还。宣帝赐爵关内侯。

【注释】

①啮：niè，咬。
②单于：匈奴人对部落首领的专称。单，chán。
③窖：jiào，收藏东西的地洞。
④旃毛：兽毛。旃，zhān，同"毡"。
⑤羝乳：公羊产乳，指不可能发生的事情。羝，dī，公羊。

【解析】

　　西汉时期的苏武，是中国历史上最有名的忠臣之一。当时中原地区的汉朝与西北少数民族匈奴之间常常发生战争，关系时好时坏。

　　匈奴新单于即位后，汉武帝为了表示友好，派遣苏武率领一批人马，持节出使匈奴。可是就在苏武完成出使任务，准备返回中原时，匈奴却发生了内乱，苏武一行人被无故扣留并被要求归降匈奴单于。苏武义正言辞地说："我是汉朝的大臣，绝不会臣服于匈奴。"说完他举刀自刎，过了半天才恢复气息。匈奴单于大怒，决定用酷刑逼他投降。

　　当时正是滴水成冰的冬天，天上下着大雪，匈奴单于命人将苏武关在一个巨大的地洞里，断绝水米。时间一天一天过去，苏武咬紧牙关，靠吞咽雪和毡毛充饥，始终没有屈服。

　　后来，匈奴单于又将苏武流放到北海边上人际罕至的地方，让他去牧羊，并对苏武说："什么时候公羊下了羊羔，我就放你回去。"

　　北海边环境恶劣，匈奴单于又断绝了苏武的粮食供应，苏武只能靠掘取野鼠和它们储藏的草实为生，条件艰苦，远非常人能够想象。但无论处境多么艰难，苏武始终手持汉朝的符节，渴望回到长安，从未有过投降的念头。就这样过了十九年，匈奴的新单于渴望与汉朝交好，汉昭帝才派使臣将苏武接回去。那时苏武手中的符节已经破旧不堪，头发与胡须也全都变白了。

苏武在极其恶劣的环境下，不畏强权，不惧威胁，从未变节。他坚贞不屈的精神也被传颂至今，鼓舞了一代又一代人。

丙吉护储

丙吉护储，闭门拒使，宣帝登基，不道前事。

【原文】

汉丙吉，治巫蛊①狱。时宣帝生数月，以皇曾孙坐②卫太子事系。吉知无辜，保养之。后诏系狱者无轻重皆杀之，吉闭门拒使曰："他人无辜死犹不可，况亲曾孙乎？"使还奏，帝因赦天下。宣帝即位，吉绝口不道前事。

【注释】

①蛊：gǔ，毒害人之物。
②坐：定罪，获罪。

【解析】

　　汉武帝时期，有一位非常忠诚的大臣名叫丙吉。他奉命调查当时的一次重大政治事件——巫蛊之祸。这件案子波及范围非常广，许多人受到牵连，包括出生仅数月，尚在襁褓中的的皇曾孙刘询。

　　丙吉在查案的过程中了解到这些情况后，便想设法保护皇曾孙。当时监牢里阴暗潮湿，丙吉非常担心皇曾孙的身体，便在监牢里挑选了一些谨慎厚道的女囚徒，命令她们仔细照顾刘询，保护他不要受到伤害。刘询入狱期间，曾经得了重病，几乎快要死去，丙吉多次嘱咐乳母好好照顾他，并自己出钱为他购买衣服和食物。

　　巫蛊之案很久都没有结案，汉武帝下旨：凡是牵涉这个案子被关到监牢里的人，无论所犯的罪是轻是重，一律处死。使者到狱中登记姓名，丙吉却命人紧紧守住监牢的大门，不让任何人进入。使者生气地说："这可是皇上亲自下达的命令，你这是要违抗皇上的旨意吗？"丙吉义正言辞地说道："我只知道有罪才应该被处罚，无辜的人怎么能被杀呢？何况皇上的亲曾孙还在这里。"说完，依然命部下死死守住大门，双方一直相持到天明。使者没有办法，只能回去奏禀汉武帝，将丙吉的话讲给汉武帝听。汉武帝仔细想了想，觉得丙吉的话很有道理，自己对于案件的处理确实有些草率，于是下令大赦天下。所有无辜的人因此保住了性命。

丙吉当初拦住使者，难道他不知道这样做有可能触犯龙颜吗？只是因为不忍心看无辜的人被杀害，才大义凛然地站出来以死相争，而等汉宣帝刘询即位之后，他绝口不提自己曾经舍命救主的事情，丙吉真是忠诚又厚道啊。

班超不疚

班超投笔，西域立功。去妻释邑，帝称其忠。

【原文】

汉班超，字仲升，投笔从戎，立功西域。诸国皆遣子入侍。李邑谮超拥爱妻，抱爱子，安乐外国，无内顾心。超遂去其妻。章帝知超忠，乃责邑诣超谢罪，令受超节制①。超即遣邑将乌孙侍子还。徐干曰："邑前毁君，今不可遣。"超曰："内省不疚，何恤人言？快意②留之，非忠臣也。"

【注释】

①节制：限制；控制。
②快意：谓恣意所欲。

【解析】

东汉有一个名叫班超的大臣，为人谦恭有礼，不拘小节。班超少年时便博览群书，能言善辩，志向高远。班超家并不富裕，最初他靠抄写文书维持生活，后来投笔从戎，先跟随窦固出击北匈奴，后来又奉命出使西域。

当时朝中有一个爱进谗言的大臣名叫李邑，他对皇帝说，班超带着妻女在西域尽情享乐，心中早已没有国家，眼中早已没有皇帝陛下了。皇帝平时很信赖班超，认为李邑的话是空穴来风，胡乱编造出来的，便叫李邑亲自去找班超，向他赔罪，并且命他接受班超的管束。可是李邑到了西域以后，班超并没有为难他，反而叫他带着乌孙国国王的儿子返回朝廷，不再追究他

的过失。班超的朋友在一旁为他抱不平说:"这个李邑,以前在皇帝那里经常说你的坏话,现在他到这里来谢罪,你就该好好责罚责罚他,让他知道你的厉害,吸取点教训才好。"可是班超却回答道:"不管他以前是否说过我的坏话,都不要紧。一个人只要问心无愧,便不怕恶言中伤。如果现在把他留下来,会耽误朝廷的要事,那不是忠臣所为啊!"朋友听后,非常敬佩班超的肚量。

　　班超在外征战长达三十一年。他治军有术,事事以朝廷大局为重,从不把个人的利益摆在首位,即使是对待李邑这样的小人,班超也没有过分为难他。在任期间,班超安抚边远地区的诸侯,使他们一心为朝廷出力,为朝廷做了很多贡献。

朱云折槛①

朱云借剑，请斩佞臣，攀折殿槛，忠直无伦②。

【原文】

汉朱云，字游，平陵人。少轻侠③，年四十改行。成帝时为槐里令，上书愿借上方剑④，斩佞臣张禹。上怒，命斩之。御史将云去。云攀折殿槛，呼曰："臣得从龙逢⑤比干游地下，足矣！"上怒回，乃赦之，命勿治槛，以旌直臣。

【注释】

①槛：jiàn，栏杆的纵木。
②无伦：无与匹比。
③轻侠：谓为人轻生重义而勇于急人之难。
④上方剑：即尚方剑，皇帝的宝剑。表示授予全权，可以先斩后奏。
⑤逢，páng，龙逢，亦作龙逄。

【解析】

汉朝有一个著名的忠臣名叫朱云，朱云年轻时便喜欢云游四方，行侠仗义。后来他在朝为官，身处复杂的官场，也始终未改自己忠正耿直的本性。

汉成帝即位后，重用自己的老师张禹，并将他任命为宰相，对他信赖至极。张禹仗着皇帝的宠信，欺压百姓，处处为自己牟取私利。大臣们都怕得罪张禹，惹恼汉成帝，即使心里有怨气，也没有人敢说出口。

朱云看在眼里，非常不满。他上奏皇帝，请求当面细说。汉成帝召来朱云，朱云便当着满朝文武大臣的面，痛心疾首地说道："如今这朝堂之上，还有敢说真话的大臣吗？你们对上不能辅佐皇上，让皇上明辨是非，对下又不能做有益于百姓的事。你们明明不满张禹仗着自己的权势谋取私利、祸害百姓，却都沉默不语。臣冒死进谏，恳请皇上赐给臣尚方宝剑，臣要为国杀一个奸臣！"汉成帝听后大怒道："就凭你一个小官，居然敢在朝堂之上诽谤官员，侮辱帝师，真是罪无可赦！"说完，便叫侍卫捉拿朱云。侍卫们上前抓朱云时，朱云死死抓住大殿上的栏杆不肯放手，竟然把栏杆都折断了。朱云大叫道："臣今天就算被杀也不会后悔，能在九泉之下与龙逢、比干这些敢于直谏的大忠臣们相会，实在是臣的荣幸！只是不知道国家会被奸臣祸害成什么样子啊！"汉成帝听后，怒气慢慢平缓下来，仔细想了想朱云的话，觉得他确实是忠心为国，便赦免了他。

后来，宫廷总管带人来修补被朱云折断的栏杆时，汉成帝阻拦道："还是不要换新的了，就保留着原样吧，希望这折断的栏杆能时时提醒大臣们，要敢于直言。"

朱云不过是一个小官，平日里根本不会被张禹这样的大官放在眼里。可是，就算是小官，也有一颗心系天下的忠诚的心，也希望国家能够清除奸佞，向着好的方向发展。他冒死直谏时，早已将自己的生死置之度外，朱云的确是不输龙逢、比干的大忠臣。后人敬佩朱云忠诚勇敢的行为，也常常用"折槛""攀槛"等词形容一个人直言敢谏，不惧危险。

李秀忠烈

李毅女秀，摄甲①守城。击破彝寇，代父统兵。

【原文】

晋南蛮校尉宁州刺史李毅女秀，绰有父风。五彝围宁，毅以忧卒。救援莫至，众推秀领州事。秀摄甲守城，粮食虽尽，志气益厉②。伺彝懈③，击破之，围解。乃代父职，统三十七部。历三十余年，群彝慑服。秀卒于任，百姓如丧考妣④，立庙岁祭。唐封明惠夫人，颜其庙曰"忠烈"。

【注释】

①摄甲：穿上甲胄，贯甲。
②厉：振奋。
③懈：懈怠。

④如丧考妣：像死了父母一样。形容极度悲伤。

【解析】

　　西晋有一个名叫李毅的人，在宁州担任刺史。他有一个女儿名叫李秀，聪明勇敢，颇有父亲之风。当时宁州被南方五个少数民族部落围攻，形势非常严峻。李毅带兵作战，死守城池，始终不肯投降，最终因忧劳过度去世。

　　救援的军队迟迟未到，宁州的百姓们一致推举李毅的女儿李秀管理宁州。李秀穿上甲胄，整顿军队，号召全城百姓一起严守城池。虽然将士们的粮食快要吃完了，大家的士气却更加激昂。李秀一边率领将士们抗击敌人的进攻，一边派人暗中侦察敌营。后来，趁对方松懈的时候，李秀带兵大败敌军，解了宁州城的围困，让全城百姓脱离了危险。

　　李秀一直代理父亲的职务，统领部下三十七部长达三十年之久。三十年间，李秀数次带兵击退敌人，使那些意欲攻破宁州的敌军既畏惧，又佩服。李秀一直为保卫宁州而战，直到死去。

　　李秀死后，宁州的百姓悲痛异常，仿佛死去的是他们的父母一样。他们为李秀建造了庙宇，时时祭拜她，铭记她为宁州百姓做出的贡献。

敬德瘢痍①

敬德忠主，赠金固辞，人言其反，解衣示痍。

【原文】

唐尉迟恭，字敬德。事秦王时，隐太子以书招之，赠金皿一车，固辞。秦王称其心如山岳，非金所能移。后谓恭曰："人言卿反，何也？"对曰："臣从陛下百战定天下，何反为？"遂解衣投地，出示瘢痍。上流涕抚之。

【注释】

①瘢痍：bān yí，疤痕，伤痕。

【解析】

　　唐朝有一位著名的大将名叫尉迟恭，字敬德。他生性淳朴忠厚，勇猛善战。尉迟恭一生驰骋沙场，屡立奇功，协助秦王李世民夺取帝位，立下了不朽的功勋。

　　李世民还是秦王时，尉迟恭就是他身边的一员猛将。当时秦王府猛将如云，太子李建成和齐王李元吉意欲收买秦王府的大将，由于尉迟恭英勇无双，他们便决定先从他下手。

　　李建成派人递了一封密信给尉迟恭说："我敬仰尉迟将军的威名，希望您能与我做最亲密的朋友。"并且随信送去一车金银器物，但尉迟恭辞谢不收，回复道："我出身低微，后来赶上隋朝灭亡，天下四分五裂，无处安身，每天过着朝不保夕的日子。像我这样的人，原本没什么机会上阵杀敌，出人头地，只因秦王赏识，我才能有今天。如今我在秦王府供职，陪伴在秦王身边，就是为了报答他的知遇之恩啊！我没有为太子立过什么功劳，所以也没有资格接受您的赏赐。如果我私自答应您，为您效劳，那就是对秦王殿下不忠啊！一个为了一己私利就将忠诚二字抛在脑后的人，您为什么要重用他呢？"李建成非常生气，发誓不再与尉迟恭来往。

　　后来，秦王李世民听说了这件事，对尉迟恭说："你忠诚的心和坚韧的意志力，如同山岳一般不可动摇，即使是黄金也不能收买。我知道你不会为了金银财物背信弃义，所以下次他们送你东西，你大可以收下，不必顾虑。如果你一直拒绝他们，我担心他们会恼羞成怒，派人来害你啊！"

尉迟恭始终忠心护主，李元吉一伙人非常忌恨他，还派了刺客去刺杀他，但刺客们也畏惧勇猛的尉迟恭，始终不敢靠近他。李元吉还曾在父亲李渊面前诬陷尉迟恭，李渊下令囚禁审讯他，李世民多次为他求情，才让他保住了性命。

等到李世民登基以后，尉迟恭仍然是他身边的得力战将。有一次，有人在李世民面前诬陷尉迟恭，说他马上就要造反了。李世民便召来尉迟恭询问他，尉迟恭感慨道："我跟随皇上这么多年，出生入死才打下了江山，我为什么要造反呢？"一边说着，一边把身上的衣服脱了下来，露出了一块又一块疤痕，那些伤疤都是他忠心护主的证据。唐太宗非常震惊，抚着尉迟恭身上的伤痕，想起他一次又一次帮助自己的事情，不禁泪流满面。

尉迟恭无论在什么境地都忠心护主，不计较自己的利益，他的忠诚令人佩服，他拒绝李建成收买他时说的话也让人感动。

仁杰直奏

仁杰直奏，面折廷争①。武后止拜，问以谮卿。

【原文】

唐狄仁杰好面折廷争，高宗每许之。武后僭政，亦屡屈意从其谏奏焉。后谓曰："卿在汝南，甚有善政。欲知谮卿者乎？"答曰："陛下知臣无过，臣之幸也！不愿知谮者名。"每入见，武后常止其拜，曰："每见公拜，朕亦身痛。"及薨②，武后泣曰："朝堂空矣！天夺吾国老③何太早耶！"

【注释】

①面折廷争：谓在朝廷上犯颜直谏，据理力争。
②薨：hōng，古代称诸侯之死，后世有封爵的大官之死也称薨。
③国老：指国之重臣。

唐朝著名的宰相狄仁杰，为人正直，常常劝谏皇帝要勤于政事，爱护百姓。他为官清廉，不畏权贵，深得唐高宗信赖。武则天做了皇帝后，也非常信赖狄仁杰。每次遇到难以决断的事，她总要询问狄仁杰的意见，狄仁杰也尽心尽力地辅佐武则天，为她建言献策。

尽管狄仁杰忠心为国，仍然有人在背后诬陷他。有一回，武则天对他说："你在汝南做官时，政绩、名声都很不错，可是我还是听到很多人说你的坏话，你想知道这些人的姓名吗？"狄仁杰回答道："作为地方官员，难免会得罪一些人，但我没有做过有损德行、败坏朝廷风气的事。皇上您知道我没有过失，这便是臣的万幸了。至于那些在背后议论我、诬陷我的人，我并不想知道他们是谁。"武则天听后，更加敬佩他了。

狄仁杰每次朝见武则天时，武则天都让他不要跪拜，对他说："每次你一跪拜，我也觉得身子疼，往后都不要再跪拜了。"狄仁杰去世后，武则天情不自禁地流下了眼泪，她伤心地说："从此以后，朝堂上再也没有直言敢谏的狄仁杰了！上天为何这么早就把狄仁杰这样的忠臣夺去呢？"

狄仁杰在任期间，不畏权贵，公正无私地为朝廷招贤纳士。他一生清廉，为国为民，忠心耿耿，是历史上有名的治国良相。

元方举知

元方免官，荐书复上，举其所知，不问仇党。

【原文】

唐陆元方，擢①天官侍郎。或言其荐引皆亲党。武后怒，免官，令白衣②领职。元方荐人如初，后让之。对曰："举臣所知，不暇问仇党。"后知无他，复拜鸾台侍郎。临终，取奏稿焚之，曰："吾阴德在人，后当有兴者。"卒如其言。

【注释】

①擢：zhuó，选拔。
②白衣：指平民，亦指无功名或无官职的士人。

【解析】

　　唐朝有一个名叫陆元方的大臣，他耿直忠诚，被武则天选拔为天官侍郎。陆元方负责为朝廷选拔人才，很多人都想求他帮忙，可他始终不肯徇私。那些求而不得的人恼羞成怒，转头便诬陷他举荐引进的人都是他的亲戚朋友，武则天听了非常生气，一怒之下便革去了他的官职，让他以平民的身份处理事务。

　　被革职之后，陆元方依然像往常一样为朝廷举荐人才。武则天生气地问陆元方："别人都在弹劾你，说你举荐官员只举荐你的亲戚朋友，你怎么还敢这么明目张胆地做事？"陆元方毫不畏惧地回答："臣只是在举荐能为朝廷出力的人才，并不在乎那些人究竟是我的仇人，还是我的朋友。即使有人诬陷我，也不能动摇我为朝廷举荐人才的决心。"武则天被陆元方的正直感动，又想了想他平日的为人，觉得他确实对朝廷忠心耿耿、别无二心，于是又任命他为鸾台侍郎。

　　陆元方一生恪尽职守，忠心耿耿。他在临终前，将自己从前的奏章草稿全部烧掉，对旁人说："我一生忠于朝廷，我想我的后代也一定会像我一样，公正地为朝廷举荐人才。"后来他的三个儿子果然都继承了父亲的遗志，忠心为国、公正无私。

嘉贞言路

嘉贞虽贵，弗立田园。恐塞言路，不坐^①诬言^②。

【原文】

　　唐张嘉贞历秦梁二州都督^③，政以严办。或告其反，按无状^④。帝令坐告者。嘉贞曰："恐塞言路，且为未来之患。"帝以为忠，迁中书令^⑤。嘉贞虽贵，不立田园。有劝之者，答曰："近世士大夫，务广田宅，为不肖子孙酒色费。我无是也。"子延赏，孙宏靖，皆同平章事^⑥。时号"三相张家"。

【注释】

①坐：定罪，由……而获罪。
②诬言：捏造说。
③都督：总领，统领。

④无状:没有事实；没有根据。
⑤中书令：官名。
⑥同平章事：官名。

【解析】

　　唐朝有一位官员名叫张嘉贞，曾经在秦州、梁州两地做都督。张嘉贞为人正直忠诚，对下属要求严格。因为他刚正不阿，始终不愿与贪官污吏同流合污，得罪了不少人。

　　有一次，有人诬陷张嘉贞造反。皇帝平时非常信赖张嘉贞，派人仔细调查此事。调查的人没有找到张嘉贞造反的证据，皇帝觉得自己被奸人蒙骗，一怒之下，要重罚诬告张嘉贞的人。张嘉贞听说后，连忙劝阻皇帝道："陛下，虽然有人诬陷我，但这不是什么大事。陛下如此信赖我，我自己也问心无愧，这件事情您就不要再追究了。如果您现在惩罚那个诬陷我的人，恐怕会让其他大臣恐慌啊。如果人人都害怕因向您进言而获罪，往后敢在您面前说真话的人就会越来越少了！所以，请您饶了那个造谣的人吧。"皇帝听完张嘉贞的这番话，更加欣赏他的忠诚正直，将他提拔为中书令。

　　张嘉贞做了中书令后，身份尊贵，但他并没有为家里置办产业。他的朋友劝他趁发达的时候多多置办田地房产，但他都没有听。他对朋友说："现在做官的这些人，只晓得购买良田，建造豪华的房子，他们哪里知道，这些资产会成为不肖子孙吃喝享乐的费用啊！我不会这样做。"

无论按照哪一朝代的律法，造谣生事、诬陷他人的人，都应该受到惩罚。张嘉贞被诬告造反，皇帝要重罚造谣的人时，张嘉贞原本不需要反对，但他考虑到重罚可能会造成其他大臣的恐慌，导致他们不敢再在皇帝面前说实话、说真话，让进谏的言路被堵死，便劝告皇帝不要再追究了。张嘉贞真是大公无私、忠心为国啊。

张嘉贞不仅对国家忠诚，还治家有方。他的儿子张延赏，孙子张宏靖，都官至宰相，人们将他们家称为"三相张家"。

韩休峭鲠①

韩休为相，玄宗无欢。言之必尽，帝退乃安。

【原文】

　　唐韩休性峭鲠。及为相，守正不阿②，甚允③时望④。玄宗尝猎苑中，或大张乐，必视左右曰："韩休知否？"已而⑤疏至。尝引监⑥，默不乐。左右曰："韩休为相，陛下无一日欢，何不逐之？"帝曰："吾虽瘠，天下肥矣。萧嵩顺旨，吾退不安；韩休力争，吾退乃安。吾用韩休，为社稷耳，非为身也！"

【注释】

①峭鲠：严正刚直。
②不阿：不曲从，不逢迎。

124

③允：使人信服；受人敬重。

④时望：当时的声望。

⑤已而：旋即；不久。

⑥监：古同"鉴"，镜。

【解析】

唐朝玄宗皇帝在位期间，有一位宰相名叫韩休，他生性正直，敢于直言。做了宰相以后，韩休更是将国家利益放在首位，对于一切事情都是公事公办，从不徇私，享有良好的声誉。

唐玄宗偶尔会在宫中的禁苑里围猎，或在宫中大张旗鼓地奏乐。每当这时，唐玄宗总会询问身边的人："今天的事情，韩休知道吗？"然而过了一会儿，韩休劝谏皇上的奏章便到了。

有一次，唐玄宗看了韩休劝谏的奏章后，对着镜子一声不吭，非常不高兴，侍奉左右的人说："自从韩休做了宰相，皇上您就没有一天高兴的时候，他未免也太不近人情了吧！您何不罢免了他呢？"唐玄宗听后，叹了口气说道："韩休虽然常常惹我生气，可他是个光明磊落、坦坦荡荡的人啊！他的所作所为全是出自一颗忠于朝廷的心，没有一点私心。韩休做了宰相以后，虽然常常惹怒我，可他做的是为百姓们谋福利的事情。我虽然不开心，可百姓们得到了切实的利益呀！另一位大臣萧嵩倒是非常顺从我，常常让我很开心，可这种开心非常短暂，我事后想起来总觉得不安。韩休总是据理力争，不给我留情面，我虽然当时生气，但事后回想起来，觉得非常安心，非常踏实。我之所以任用韩休为宰相，是知道他为人正直忠诚，会把国家的利益放在首位。我要为了国家的利益考虑，不能只考虑我个人啊！"

韩休一生正直，处理事情公正客观，不徇私情。凡是时政方面的不当之处，韩休都会提出中肯的谏言，就连举荐过他的萧嵩的过失，他也会大胆指正。韩休忠诚正直的名声一直被后人称颂。

真卿劲节

真卿讨贼，倡义誓师，惟知守节，希烈谢之。

【原文】

　　唐颜真卿，为平原太守。禄山反，真卿独倡义讨之。玄宗方叹河北无忠臣，闻之曰："朕不识真卿作何状，乃能如是！"李希烈反，诏使劝喻①。希烈欲降之，真卿叱曰："汝知吾兄杲②卿骂贼而死乎？吾惟守节。"希烈谢③之。

【注释】

①劝喻：用道理劝告说明。
②杲：gǎo。
③谢：认错，道歉。

【解析】

　　唐朝著名的书法家颜真卿，是历史上有名的忠臣。颜真卿担任平原太守时，安禄山已经有了谋反的迹象。颜真卿有所察觉，但不想打草惊蛇。他仍旧与宾客宴饮游乐，暗地里却叫人加高城墙、疏通运河、储备粮草，为即将到来的战争做准备。

　　安禄山起兵造反后，只有颜真卿一直倡议讨伐他，从未有过丝毫畏惧。当时河北大部分郡县很快便被叛军攻陷，颜真卿守卫的平原城却固若金汤。安禄山原本以为颜真卿不过是一个文弱书生，不足为虑，结果却发现他是一个劲敌。

　　唐玄宗听说安禄山造反，河北大部分地区失守的消息后，感叹道："河北二十四郡啊！竟然这么快就被安禄山攻陷了！难道整个河北地区就没有一个忠臣了吗？"不久后，颜真卿派参军李平骑快马进京向唐玄宗报告作战情况，唐玄宗听后，惊喜地说："我平时不太了解颜真卿，没想到他竟然是这么忠诚、这么出色的臣子啊！"

　　唐德宗年间，淮西节度使李希烈造反，颜真卿奉旨前去劝降，大臣们都反对颜真卿亲自前往敌营，担心会有危险，可颜真卿还是冒着生命危险去了。李希烈想给颜真卿一个下马威，他在颜真卿宣读圣旨时，派自己的部将举着明晃晃的尖刀冲到

颜真卿面前，肆意谩骂，可是颜真卿始终面不改色。李希烈威胁颜真卿，逼他投降。可颜真卿却义正言辞地斥责他说："你一定听说过我的兄长颜杲卿吧。安禄山叛乱时，他誓死抵抗，一直到死前最后一刻，口中都不住地叫骂、谴责反贼。我如今虽然老了，可我的忠心同从前没有差别，我们颜家的子弟即使是死也不会变节，我又怎么会屈服于你的胁迫！"众人听了他的话，都被他大义凛然的气势所震撼，李希烈也向颜真卿认错，对他以礼相待。

孟容制强

孟容执昱，贷债令偿，不奉诏旨，抑制豪强。

【原文】

唐许孟容，为京兆尹时，神策军吏李昱贷富人钱，不偿。容收昱械系①，立期使偿。上遣中使宣旨，送昱回本军。容曰："臣不奉诏。臣为陛下尹畿②，非抑制豪强，何以肃清辇下③？钱未偿，李昱不可得。"上嘉许之，京城震栗。

【注释】

①械系：用脚镣、手铐等刑具拘禁起来。
②畿：jī，国都附近的地方。
③辇下：借指京城。辇，niǎn。

【解析】

　　唐朝有一个名叫许孟容的人，在他担任京兆尹的时候，接到一个案子，案情大致是这样的：有一个名叫李昱的人，向一个富人借了一大笔钱，他仗着自己是神策军官，被皇帝宠信，便抵赖不肯偿还。富人数次让李昱归还钱财，李昱都想尽办法抵赖，万般无奈之下，富人只好将他告到官府，请求许孟容主持公道。

　　许孟容调查后，得知富人说的是实情，便命人将李昱抓了起来，给他戴上脚镣手铐，将他关在监牢里，并限定了归还钱财的日期，告诉他如果不能按期如数偿还债务，便按照律法来处罚他。

　　李昱被抓的事很快便传到了皇帝的耳朵里。皇帝听了大致案情，觉得这并不是什么大事，而神策军官肩负着保护皇宫的重责，于是派人去找许孟容，让他尽快把李昱放了。许孟容接到皇帝的圣旨后，并没有马上照办，而是对前来送旨的太监说："这件事我是不能奉旨照办的。我在离皇上这么近的地方做官，如果不能秉公办案，那么今后我还如何整顿京师呢？我忠于皇上，忠于朝廷，而不是忠于权贵！京城有许多有权有势的人，如果每个人都仗着自己的身份，为所欲为，无所畏惧，那将会造成不可想象的后果啊！所以，除非李昱还清他欠下的钱，否则我是不会放他出去的。"太监回去向皇帝转达了许孟容的话，皇帝听了以后，觉得非常有道理，称赞许孟容是一位有胆识有勇气的官员。许孟容秉公执法的事很快传遍了京城，人们纷纷称赞他是一位刚正不阿、忠正廉明的官员。

借债不还是失去诚信的做法，如果默许这种行为，不追究，不惩罚，那相当于默许了做人可以失去诚信。如果人人不守信用，那么社会风气会变成什么样子呢？许孟容正是意识到了这点，才会如此公正地处理这件事，及时避免了可能产生的严重后果。

王旦荐贤

王旦为相，荐举至公，寇准数短①，反称其忠。

【原文】

宋王旦为相，寇准数短旦，旦专称准。上曰："卿称其美，彼专谈卿恶。"旦曰："臣在相位久，阙失②必多。准无隐，益见忠直。"准私求为相，旦曰："将相之任，岂可求耶？"准深憾之。及除③节度使，同平章事，上具道旦所荐，准愧叹。

【注释】

①短：说人短处。
②阙失：失误；错误。
③除：任命官职。

【解析】

　　北宋真宗年间有一位非常有名的宰相名叫王旦，他忠心正直，知人善用，非常有肚量。当时朝中另一位大臣寇准，多次在宋真宗面前说王旦的短处。王旦知道后，并没有计较，还是像往常一样，经常称赞寇准。宋真宗不解地问王旦："寇准多次埋怨你，说你的不好，有时候言辞还非常激烈，连朕都觉得他太挑剔，可是你却从来没有计较过，甚至还常常称赞他，这是为什么呢？"王旦回答道："臣做宰相已经很多年了，处在这个位置上，政事繁忙，必定不能面面俱到，平时一定会有做得不周到、做得不好的地方。许多大臣碍于臣宰相的身份，不敢直言，可是寇准却能够无所隐瞒地说出来，并不担心得罪臣，可见他是一个忠正、坦率的人。有人能够大胆地指出臣平日里的过失，对臣也是一种帮助啊！寇准这样做，是源于对朝廷的忠心，臣不去计较他的过失，不埋怨他，也是对朝廷的忠心。"宋真宗听完王旦的话，非常敬佩他的肚量，也更加信赖他了。

　　后来寇准想做宰相，私下请求王旦帮忙，被王旦一口回绝了。王旦义正言辞地对他说："任命将相的事，要以陛下的旨意为准，怎么能强求呢？这样的事，我是不会做的。"寇准听后，非常怨恨王旦。不久后，宋真宗任命寇准为节度使，寇准拜谢真宗说:"如果不是因为皇上您对臣的信赖与认可,臣怎么能做节度使呢?"宋真宗对他说:"你最该感谢的不是朕,而是王旦啊!他不计前嫌地在朕面前举荐你,说你是一个难得的人才,希望朝廷能够重用你,朕是因为他的举荐才让你做节度使的。"寇准听后非常惊讶,非常敬佩王旦的公正无私。他想到自己平时对王旦的诋毁埋怨,惭愧得抬不起头来。

即使是王旦的家人,也从没见过他不分青红皂白,任意宣泄情绪。有一次,王旦的家人想考验一下他是不是在什么情况下都很有涵养,便在他平时爱喝的肉羹汤里放了一点烟灰。王旦吃到烟灰后,也没有大发雷霆,只是轻轻将碗放在一边,不再继续喝了。家人问他为什么不喝,王旦非常冷静地说:"我只是偶尔不想喝汤,不要为难下厨的人了。"家人听了他的话,非常佩服他的肚量。

王旦一生清廉正直,事事以大局为重,从不会做有损国家利益的事,即使是诋毁过他的人,只要对方能为国家效力,他都会大力举荐,他对国家真是忠心耿耿。

红玉枹鼓①

宋梁红玉，佐夫效忠。亲执枹鼓，助战江中。

【原文】

　　宋韩世忠妻梁红玉，沉毅善断。时金兀术分道入寇，诸屯皆败。世忠俟其归，邀击②江中。红玉亲执枹鼓助战，士气百倍。兀术终不得渡，尽归所掠，求假道③，不听。益以名马，又不听。后兀术用闽人计，一夕凿渠潜遁。红玉上书朝廷，言世忠失机纵敌，宜加罪责。高宗以世忠率八千余人，当金兵十万，力扼强寇，赐诏褒慰。

【注释】

①枹鼓：指战鼓。
②邀击：拦击；截击。

③假道：借路。

【解析】

南宋著名抗金女英雄梁红玉，忠诚坚毅，正直果敢。梁红玉的祖父与父亲都是武将出生，她从小便跟随父兄练就了一身本领。后来，梁红玉嫁给名将韩世忠，多次随同丈夫一起出战。

当时南宋内乱，金国太子金兀术乘机率军兵分几路攻打江浙一带，许多地方的守兵都被击败了，战况非常紧急。这时，韩世忠与梁红玉率领水军急赴战场，在江中心拦击正要撤兵的金兀术。金兵人数众多，且连续打胜仗，士气大增。韩世忠带领的军队无论是在兵力还是士气上都远不如金军。金军将领金兀术觉得韩世忠此时与金兵作战，无异于以卵击石，并没有将他放在眼里，还下了战书给韩世忠，约定一个日期开战。

到了约定的日子，韩世忠率领水军在江面上抗击金军。为了鼓舞士气，梁红玉亲自擂鼓，鼓声激昂有力。宋兵士气大增，纷纷使出最大的力气抗击金兵，保卫家园。在兵力悬殊的情况下，梁红玉与韩世忠指挥的队伍，与金兀术带领的金兵激战四十八天，期间连续击退金兵数十次，始终没有让金兵成功过江。受到重创的金兀术把抢来的东西全部归还给宋兵，想让他们放他过去，韩世忠和梁红玉不肯答应。金兀

术又添加了有名的骏马，韩世忠和梁红玉还是不肯答应。后来，金兀术采用了一个福建人的计策，在晚上凿通河道，偷偷地逃跑了。

梁红玉上书朝廷，坦陈韩世忠丢失战机，让敌人逃跑，请求皇上加以责罚。高宗认为韩世忠只带领八千多人的军队，抵挡十万人的金军，竭力阻止了敌人的入侵，功劳已经不小了，不但没有责罚他，反而下诏嘉奖慰劳他。梁红玉也因为英勇作战，忠心为国，被封为"杨国夫人"。

于谦勤王

于谦忠烈，日月争光，驾陷土木，调将勤王。

【原文】

明于谦谏止英宗亲征也先，不听。驾陷土木，京师大震，莫知所为。谦檄各军赴援，募民兵守御。也先遂拥英宗去。后也先愿归上皇乞和，谦谏景帝迎归。石亨等谮①之，遂弃市。死之日，阴霾②四合，天下冤之。

【注释】

①谮：zèn，说别人的坏话，诬陷，中伤。
②阴霾：天气阴晦、昏暗。霾，mái。

【解析】

　　明朝有一位非常有名的忠臣名叫于谦。于谦从小便仰慕抗元名将文天祥，常常以"人生自古谁无死，留取丹心照汗青"这句诗勉励自己，并立志忠心为国，以天下为己任。

　　明英宗时，于谦任兵部左侍郎。蒙古族瓦剌部落首领也先率领大军前来侵犯，形势非常严峻。当时明英宗身边的宦官王振劝说明英宗北上亲征，以于谦为代表的大臣们极力劝阻，可是明英宗仍然一意孤行，贸然亲征。结果，明军在土木堡惨败，明英宗被俘。消息传到京城后，京城一片恐慌。明英宗带走的是装备最精良的军队，京城中剩下的士兵战斗力非常弱。许多百姓、官兵纷纷逃走，局面十分混乱。

　　当时留守京城的大部分大臣认为，要赶在瓦剌大军到来前迁都南方，只有于谦毅然决然地站出来反对道："主张迁都的大臣，应该斩首！一旦迁都，必然会使天下人心惶惶，造成不可挽回的严重后果。大家难道不记得当年南宋迁都的教训吗？如今不仅不能迁都，还要设法守住京城。我们应当召集各地军队赶来支援。"众人听了于谦的话，纷纷表示赞同。于谦被任命为兵部尚书，负责指挥保卫北京的战役，他尽忠职守，终于使混乱的京城稳定下来。

　　于谦抓紧时间招募兵士，命令工部打造盔甲兵器，备好

足够的粮草，为即将到来的战争做好一切准备。于谦认为瓦剌大军已经俘虏了明英宗，士气高涨，如果以目前的兵力死守京城，恐怕不用多久，京城就会被攻破。于是他决定带领新招募的兵士在城外列队，并下令紧闭城门，势必要与瓦剌大军决一死战。

也先原以为自己俘虏了明朝皇帝，一定可以轻易攻破京城，可当他抵达京城时，却发现京城并非像自己预想的那样不堪一击。于谦带领的大军秩序井然，士气高涨，与土木堡被击败的明军完全不同。

也先见无机可乘，便表示愿意送回明英宗，双方议和。于谦劝谏景帝把英宗接了回来。

后来，石亨等人在明英宗面前诬陷于谦，于谦被无辜处死。于谦被杀那天，天上阴云密布，百姓们哭声震天，为这位忠臣蒙受冤屈难过不已。

于谦在国家最混乱最艰难的时候挺身而出，整治军队，巩固国防，始终将国家的安危放在首位，他的忠烈可与日月争光。后来他被朝廷平反，追封谥号"忠肃公"。

良玉破贼

明秦良玉，奉诏勤王①。转战千里，勋勒旗常。

【原文】

　　明马千乘妻秦良玉，随夫从戎。南川路战功第一，口不言功。所部号白杆兵，军令严肃，秋毫无犯。援辽左；救贵州；解成都围；收复重庆；奉诏勤王，出家财济饷②；转战数千里，多所克捷。及张献忠复入蜀，当道不能用其策。乃退保石砫③，分兵严防，贼不敢犯。后以寿终。

【注释】

①勤王：指君王有难，臣下起兵救援君王。
②饷：指旧时军队的俸给。
③石砫：今重庆市石柱土家族自治县。砫，zhù。

【解析】

明朝有一个名叫马千乘的人，他的妻子秦良玉，擅长骑射，胆识过人，是历史上有名的女将。秦良玉常年跟随丈夫外出打仗，不辞辛劳。后来，秦良玉的丈夫不幸遇害，秦良玉便代领夫职，带领军队征战沙场，先后参加过抗击清军、平定张献忠之乱等战役，战功赫赫，威名远播。

秦良玉行军治兵，纪律严明。她带领的部下号称"白杆兵"，对待百姓秋毫无犯，远近闻名。她带领军队救援辽左、贵州、成都，解了许多围困，后来还收复了重庆。

明朝末年，清军大举进攻，皇太极围攻京城，秦良玉奉诏勤王。当时军队中军饷不足，秦良玉便拿出自己的财产来接济。军队转战几千里，打了不少胜仗。

后来张献忠第二次进攻四川，当政的人没有听从秦良玉的计策，秦良玉只好退守石砫，分兵布防。秦良玉在周边严加戒备，敌人始终有所顾忌，不敢去侵扰她。

秦良玉以女子之身，征战沙场二十多年，参加过的大小战役数不胜数。当朝廷需要的时候，她奉诏勤王，屡建奇功。在古往今来那些忠心耿耿、勇猛过人的女将里，秦良玉也是数一数二的人物。

信

季札挂剑

延陵季子，不负初心，徐君已死，挂剑坟林。

【原文】

周吴季札，封于延陵，故号延陵季子。聘①鲁，过徐。徐君好季子剑，口不敢言。季子心知之，为使上国②未献。及反，徐君已死。解剑，挂其冢③树而去。从者曰："徐君已死，尚谁予乎？"季子曰："始吾已心许之，岂以死背吾心哉？"

【注释】

①聘：访问。
②上国：春秋时称中原各诸侯国为上国，与吴楚诸国相对而言。
③冢：zhǒng，坟墓。

【解析】

周朝时，吴国有一个名叫季札的人，因为受封于延陵一带，人们又称呼他为延陵季子。有一次，季札奉吴国国君之命，去鲁国访问。途中经过徐国，季札便去拜见了徐国国君，两人聊得非常投缘。徐国国君非常喜欢季札身上佩带的那把宝剑，可是碍于情面，没有说出口。季札看出徐国国君对宝剑的喜爱，但因为自己出使还需要宝剑作为信物，不能立马就将宝剑送给徐国国君。于是，季札便在心里暗许，等自己完成出使任务，从鲁国回来时，便将宝剑送给徐国国君。

后来，季札便离开徐国，到鲁国去了。等到他完成吴国国君交代的任务，起身回国又路过徐国时，徐国国君已经过世了。季札非常伤心，亲自到徐国国君的坟墓前祭拜，并把自己佩戴的那把宝剑解了下来，挂在徐国国君坟墓旁的树枝上。他的随从不解地问道："徐国国君已经去世了，您将宝剑送给他，他也收不到了，为什么还要挂在树枝上呢？"季札回答说："离开徐国前，我已在心里许诺，等我从鲁国归来时，便将这把宝剑赠予徐国国君。这诺言怎么能因为徐国国君去世便违背呢？"

人最珍贵的，是一颗诚实守信的心，一个人的言语和行为，便是他心灵的写照。许多人连亲口许下的诺言都不能践行，何况是在心里许下的诺言。季札真是一诺千金的君子啊！

魏斯冒雨

文侯魏斯，与虞人①期②，冒雨而往，身自罢③之。

【原文】

周魏斯，本为晋大夫。威烈王廿三年，命为诸侯，是为魏文侯。尝与虞人期猎，是日饮酒乐，天雨。文侯将出，左右曰："今日饮酒乐，天又雨，公将焉之？"文侯曰："吾与虞人期猎，虽乐，岂可无一会期哉？"乃往，身自罢之。

【注释】

①虞人：古代掌管山泽苑囿及田猎的职官。
②期：约定。
③罢：取消，停止。

【解析】

战国时期的魏斯，本来是晋国的大夫。后来在周威烈王二十三年的时候，他被册封为诸侯，也就是魏文侯。魏文侯谦恭有礼、诚实守信，即使是很小的约定，也一定会遵守。

有一次，魏文侯与管理山林狩猎的人约定了自己前去打猎的时间。可是到了约定的那一天，天上突然下起了瓢泼大雨。魏文侯原本想在宴会结束后就去打猎，却没想到雨越下越大，久久不停。约定的时间快要到了，魏文侯起身便要出门，左右的人说："今天大家聚在一起很开心，外面又下着雨，您要到哪里去呢？"魏文侯回答道："我和虞人约定好了打猎的时间，虽然和大家聚会很快乐，但我不能不遵守约定啊！"边说边吩咐随从准备车马，冒雨出门了。

当时的韩国曾经向魏国借兵攻打赵国，魏文侯义正言辞地拒绝了韩国的请求，说道："赵国与魏国如同亲兄弟一般，我怎能借兵让你们去攻打赵国呢？"后来赵国又派人来向魏文侯借兵攻打韩国，魏文侯对赵国使者说："韩国与魏国如同亲兄弟一般，我怎能借兵让你们去攻打韩国呢？"两国起初因为魏文侯拒绝借兵而生气，后来听说了魏文侯不肯借兵的原因，非常感动，也很惭愧，都决定不再发兵攻打彼此了。

郭伋①亭候

郭伋归早，止于野亭，候期乃入，不欺童龄。

【原文】

　　汉郭伋，字细侯，茂陵人。为并州守，素结恩德。后行部②至西河，童儿数百，各骑竹马，迎拜于道。问使君何日当还，伋计日③告之。既还，先一日。伋恐违信，遂止野亭，候期乃入。上以贤良太守称之。年八十六卒。

【注释】

①伋：jí。
②行部：巡行所属部域，考核政绩。
③计日：计算日数。

【解析】

汉朝光武帝时期，有一个名叫郭伋的人，他从小便立志高远，想要成为对国家、对百姓有用的人。后来他官至太中大夫，为官清廉，极其注重诚信，深受百姓爱戴。

当时社会还未安定，盗贼四处作乱，皇帝常常派遣郭伋到盗贼猖獗的地方治乱除暴，安抚当地百姓。郭伋为人诚实守信，总是能够很好地解决这些问题，非常受皇帝信任。

他在并州做太守时，对待百姓仁慈宽容，名声卓著。

有一次，郭伋到属地巡视，行至西河，远远看见数百名骑着竹马的孩子停在道路中间迎接他。等到他走近，孩子们纷纷向他行礼，并询问他返程的日期。郭伋想了想，告诉孩子们一个日期，便继续前进了。等到他办完公事准备回去时，突然发现自己回去的日期比他告诉孩子们的日期早了一天。于是，郭伋便停了下来，打算按照约定的日期回城。随行的人不解地问道："天气寒冷，您已经离家这么近了，怎么不直接回去呢？"郭伋回答道："我出城的时候与孩子们约定过，回城的日期是明天，不是今天。我应信守承诺，言出必行，为孩子们做个榜样。"于是，郭伋便在郊外的亭子中住了一夜，等到约定的日期到了，他才回城。后来，郭伋不失信于小小孩童，夜宿野亭的事传到光武帝那里，光武帝非常敬佩他的德行，称赞他是一个贤良守信的太守。

　　郭伋官至太守，却仍然能够不失信于孩童，宁愿在郊外的亭子中过夜，也要守住一个诺言，真是令人敬佩啊！

张劭①待式

张劭信友，必不失期，二年以后，鸡黍②候之。

【原文】

汉张劭，与范式游太学。告归，式曰："后二年某日，过拜尊亲。"届③期，劭告母具鸡黍候之。母曰："千里约言，尔何信之审耶？"劭曰："巨卿信士，必不失期！"是日果至。后劭临终，谓妻曰："范巨卿可托。"劭卒，式为营葬④，护至临湘。

【注释】

①劭：shào。
②鸡黍：指丰盛的饭菜。黍，shǔ。
③届：到，如。
④营葬：办丧事。

【解析】

汉朝有一个名叫张劭的人，他有一个非常要好的朋友名叫范式。两个人曾经在一起读书，度过很多愉快的时光。学业完成后，两人准备回家。临行前，范式对张劭说："两年后我会去你府上拜访你的父母。"两人约定了具体日期后，便分别回家去了。

两年后，约定的日期快到了，张劭告诉母亲提前准备丰盛的饭菜等范式到来。母亲疑惑地问道："那么久远的约定，你怎么还记得呢？你不担心他会忘记吗？"张劭说："范式是一个非常有信义的人，必定不会违背与我的约定的。"到了那一天，范式果然如约前来。

后来张劭快过世的时候，嘱咐妻子："我死后，如果有需要他人帮忙的事情，可以去找范式，他是可以托付的人。"张劭过世后，范式替他办了丧事，并一路将他的家眷护送到临湘。

张劭与范式的家相隔千里，约定又那样久远，也难怪张劭的母亲会不相信范式依然记得约定。可是作为朋友，张劭却一直深信范式会来赴约，从未怀疑过自己的朋友。范式也信守承诺，按照约定日期前来赴约。他们二人真是知己啊！一个信守承诺，千里赴一诺；一个全心全意信赖自己的朋友，从无怀疑。范式的信义让人敬佩，张劭对朋友的信任也让人感动！

陈寔①期行

陈寔与友，预订行期，日中不至，舍而去之。

【原文】

汉陈寔，与友期行，过期不至，舍去之。时元方七岁，立门外。友至，问尊君在否。答曰："待君久不至，已去。"友怒曰："非人哉！与人相期，委②而去！"元方曰："君与家君期日中，日中不至，则是无信；对子骂父，则是无礼。"友惭谢。

【注释】

①寔：shí。
②委：抛弃，舍弃。

【解析】

　　汉朝有一个名叫陈寔的人，有一次，他与朋友约定好时间一同出行。可是，约定的时间过了很久，他的朋友还没有来，陈寔便不再等待朋友，独自出发了。走的时候，陈寔七岁的儿子陈元方正在门外玩耍。

　　过了很长时间，陈寔的朋友才来。他看到陈寔的儿子在门外玩耍，便上前问道："你的父亲在不在家呢？"陈元方回答说："他在家等了您好久都没等到，已经独自出发了。"陈寔的朋友听后马上生气地说道："陈寔真是不守信用，明明和我约定好了一同前去，现在竟然丢下我自己先去了！"陈元方回复道："您与我父亲约定正午时候一起出发，可是到了约定的时间您却没有来，我父亲等您等了很久，您才是不守信用的那个人。您自己不守时，还当着人家儿子的面骂他的父亲，真是太不懂礼貌了！"陈寔的朋友听了小元方的话，觉得非常羞愧，一边向他道歉一边灰溜溜地离开了。

　　贤明有德行的人都会时刻注意自己的言行，与他人约定好的事情，要严格遵守，即使有什么原因不能遵守，也应说明缘由。陈寔并没有因为朋友不守约定而出言辱骂对方，陈寔的朋友却在自己违约的情况下，口出恶言，这是非常不应该的。陈寔德行高尚，他的儿子陈元方也受到了好的影响，小小年纪便懂得信守承诺的重要性，可见诚实守信的家教是多么重要。

朱晖许堪

朱晖信心，以待知己，张堪既亡，赡①其妻子。

【原文】

汉朱晖，字文季。早孤，有气节。张堪于太学中见之，甚喜，把臂②语曰："欲以妻子托。"晖不敢对。及堪亡，妻子贫困。晖自往候视，厚周之。晖子擷问曰："大人不与堪为友。何忽如此？"晖曰："堪尝有知己之言，吾已信于心也！"

【注释】

①赡：shàn，供给人财物，周济。
②把臂：挽着对方的胳膊，表示亲密。

【解析】

汉朝有一个名叫朱晖的人，他父亲在他很小的时候便过世了，但朱晖为人仗义，很有气节。

朱晖在太学里读书时，同窗中有一个名叫张堪的人，非常敬佩朱晖的人品与学识，常常向他请教问题。张堪非常信赖朱晖，有一次，他挽着朱晖的手臂说："你是一个有情有义、诚实可靠的人，无论是生活中的小事，还是学业上的问题，你都值得依靠，值得托付！将来我去世了，我的妻子和孩子就托付给你照顾。"朱晖见张堪如此信赖自己，很感动，但又觉得朋友的嘱托太过郑重，当时并没有马上应允。

后来，张堪和朱晖各自回家，很久没有见过面。

几年后，张堪因病去世了。当时张堪家中非常贫穷，他的妻子与儿子过得非常辛苦。朱晖听说后，便亲自前往张堪家看望他们，并给他们带去许多粮食和衣物。

朱晖的儿子疑惑地问自己的父亲："我记得平日里父亲您并没有和这位朋友频繁来往啊，为什么现在这么不遗余力地帮助他的家人呢？"朱晖回答说："当年我和张堪一起求学时，他将我当作知己，曾经郑重地将他的妻儿托付给我，让我代他好好照顾他们。虽然当时我并没有直接答应他的请求，但在我心里已经应允了，也一直把这件事记在心中。如今他去世了，他的妻儿生活艰难，正是需要帮助的时候，我自然要遵守承诺，悉心照顾他们。"朱晖的儿子听了，非常敬佩自己的父亲。

朱晖还有一位名叫陈楫的好友，陈楫很早便去世了，留下了妻子和当时还未出生的儿子陈友。朱晖一直尽自己所能周济他们母子二人。后来南阳太守召朱晖的儿子做官，朱晖没有答应，而是推荐了陈楫的儿子。朱晖对朋友真的是非常有信义了。

赵柔一言

赵柔信惠，呼主还金。一言便定，利不动心。

【原文】

北魏赵柔，字元顺，金城人，少以德行才学著名。仕河内太守，甚著信惠。尝在路，得人遗金珠一贯，呼主还之。后有人遗柔铧①数百枚者。柔与子善明鬻②之市，只索绢二十疋③。善明知其价贱，欲取回之。柔曰："与人交易，一言便定，岂可以利动心？"遂与之。缙绅④闻而敬服。

【注释】

①铧：huá，安装在犁上用来破土的铁片。

②鬻：卖。

③疋：同"匹"。

④缙绅：旧时官宦的装束。亦借指士大夫。

【解析】

　　北魏时期有一个名叫赵柔的人，少年时便因德行才学出众颇具声望。后来他在河内地方做了太守，更加名声卓著。

　　有一次，赵柔在路上捡到一串别人遗失的金珠，便四处打听，寻找失主，最终将金珠还给了失主。有人送他几百枚掘地用的铁犁片，他留着没用，便与儿子赵善明一起拿到市场上，以二十匹绢的价格卖掉了。儿子赵善明觉得这个价钱太便宜了，想要反悔，收回来以更高的价格卖出。赵柔对儿子说："与人家交易，已经谈好了价格，并且交易成功了，怎么可以因为有利可图，便不守信用，反悔不卖了呢？虽然这样可以多卖一些钱，却要失信于人，这是不恰当的做法！"赵善明听了父亲的话，非常惭愧。当地人听说了这件事，都称赞赵柔是一个守信用的人。

　　经商的人想以更高的价格出售自己的商品，这是情理之中的事。有些人会通过垄断商品抬高价格，也有些人会收集新奇之物以高价卖出。在利益面前，最能够看得出谁才是诚实守信的人。赵柔对信义的坚守是非常值得赞扬的，他对儿子说的一番话，非常值得经商之人借鉴。

羊祜①推诚②

羊祜推诚，视敌如友，拒绝谲③言，饮以醇酒。

【原文】

晋羊祜，字叔子。镇襄阳，与吴将陆抗接境。每交兵，克④日方战，不为掩袭之计。将帅欲进谲计，祜辄饮以醇酒，使不得言。抗遗⑤祜酒，祜饮之不疑。抗疾，祜馈以药，抗即服之。人多谏抗，抗曰："岂有酖⑥人羊叔子哉？"

【注释】

①祜：hù。
②推诚：以诚心相待。
③谲：jué，欺骗，诈骗。
④克：严格限定。
⑤遗：wèi，给予，馈赠。

⑥酖：zhèn，毒酒，用毒酒害人。

　　魏晋时期著名的文学家、政治家羊祜，博学多才，清廉正直。他善于谋略，并且非常守信用。

　　当时晋武帝刚刚称帝，想要吞并吴国，实现天下统一的愿望。襄阳是晋国与吴国对峙的关键地带，晋武帝派羊祜镇守襄阳，当时吴国的守城将领是著名军事家陆抗。

　　在襄阳边界，羊祜对吴国的军队与百姓都非常讲信义。每次与吴军开战，羊祜都会事先约定好日期，从不突袭。羊祜手下不少将领一再提议要靠突袭来取胜，都被他否决了。每次将帅们提出要突袭时，羊祜都会用烈酒将他们灌醉，让他们不能再开口提议。当时羊祜的部下曾在边界处抓到吴军一位将领的孩子，羊祜知道后，马上派人将孩子送回，没有伤害他分毫。

　　羊祜的部下收割吴国田地中的稻谷作为军粮，羊祜要求他们以等价的绢偿还给百姓。士兵们打猎的时候，羊祜也要求自己的部下不要越过边界。羊祜的种种做法都使吴国百姓心悦诚服，虽然处在两军交战的阶段，但吴国的百姓都十分尊敬羊祜，亲切地称他为"羊公"。

　　吴军将领陆抗也很敬佩羊祜对信义的坚守，他常常告诫吴国的将士们："羊祜德行高尚，以德服人，我们如果用暴力去解决问题，恐怕会失去民心啊！我们只要守住自己的边界就可以了，不要为了蝇头小利去争夺！"有一次，陆抗生了很严重的病，羊祜听说以后，派人送药给陆抗。吴国的将士们担心药有问题，都劝陆抗不要服用。陆抗却毫不怀疑地吃下羊祜送来的药，并且非常肯定地说："羊祜那样正直有信义的人，怎么会用这种方法来害我呢？"当时吴国的君主听说了陆抗的做法，非常不理解，派人斥责他。陆抗回复说："我们的一举一动都被百姓看在眼里，如果我不讲信义，就会抬高羊祜的声望，贬低我国的威名啊！"吴国的君主听了，也无话可说。

　　古人常说"兵不厌诈"，可是羊祜与陆抗却都真诚守信，坦坦荡荡，他们都是心胸宽阔、光明磊落的君子啊。

高允不妄

高允实对，愿受极刑，临死无妄，寿享遐龄①。

【原文】

北魏高允，见世祖，直言国书与崔浩同作，且注疏多于浩。上大怒曰："此甚于浩，安有生路？"太子曰："天威严重，允迷乱失次②耳。"允曰："臣罪应灭族，今已分死，不敢虚妄。臣以实对，不敢迷乱。"世祖曰："贞臣也！"宥③之。

【注释】

①遐龄：老年人高寿的敬语，高龄。
②失次：犹失常。
③宥：yòu，宽容，饶恕，原谅。

【解析】

南北朝时期，北魏有一个叫崔浩的人，因为编修国史时涉嫌讽刺皇族，惹怒了皇帝，被处死了。

与崔浩一起编修国史的高允前去面见皇帝，直言自己也参与了编写工作。他对皇帝说："国史是臣与崔浩一同修订的，而且崔浩政事太多，只是总修订而已，其中的注疏，大多是臣写的。"

皇帝听后，非常生气，怒斥道："照你说来，你犯的罪比崔浩更严重，你也不能活命了！"一同在场的太子想为高允求情，对皇帝说："高允平时小心谨慎，只因陛下天威盛大，他才语无伦次，冒犯了陛下。"高允接道："臣所说的句句都是实话，没有丝毫欺瞒。臣不能为了自己活命，便把所有罪责都推在崔浩一人身上啊！太子殿下哀怜臣，为臣求情，可事实如此，臣并没有讲虚妄的话。"皇帝听完他的话，怒气稍稍平息了一些，也感叹高允在危急关头，仍然临危不乱、诚实守信，没有说虚妄的话。高允最终因为诚实守信而被赦免。

即使在危急紧要的关头，高允也没有推卸责任，将过错全部推给别人，而是一直如实作答。高允的德行令人敬佩。

魏徵妩媚①

魏徵妩媚，不肯面从②，责上失信，应对从容。

【原文】

　　唐魏徵，事太宗。尝责上失信于民。谏有不从，帝与语，辄不应。帝曰："应而后谏，何伤？"徵曰："昔舜戒面从，臣心知其非，而口应陛下，是面从也，岂稷契③事舜之意？"帝笑曰："人言魏徵疏慢，我视之，更觉妩媚，正为此耳！"

【注释】

①妩媚：美好可爱。
②面从：指当面顺从。
③稷契：jì xiè，稷和契的并称，唐虞时代的贤臣。

【解析】

　　唐朝有一位宰相名叫魏徵，他刚正不阿，以直言敢谏闻名于世。魏徵尽心尽力辅助唐太宗建立贞观大业，被后世称为"一代名相"。

　　每当唐太宗有失信于百官或失信于民的行为时，魏徵都要一一指出。有时魏徵劝谏皇帝，皇帝不肯听从。这时皇帝再与魏徵讲话，魏徵便不肯应答。唐太宗无奈地对他说："你先答应我，再来劝谏，不行吗？"魏徵回答道："从前仁爱的舜帝曾经告诉他的臣子，要口中心中都顺从了，那才是真正的顺从。如果当面顺从而心里不乐意，那也只是表面赞同而已。身为臣子，心里明明知道一件事是不对的，却因为担心得罪皇上而不肯说出口，或者为了取悦皇上而满口答应，这都是表面服从啊！贤明的君主应该让百官心悦诚服，而不是因为畏惧而假意赞同。"太宗皇帝听后，便笑着说道："别人都说魏徵做人太过刚直疏慢，我却越看他越觉得可爱，越来越信赖他、敬佩他了。正是因为他从不畏惧权贵，敢于直言，才是我最珍贵的臣子啊！"

　　唐太宗能够开创贞观之治，魏徵功不可没。因为魏徵忠直有信义，唐太宗曾说过，自己将魏徵当作一面镜子，时时刻刻用他的谏言提醒自己还有哪些不足之处。

曹彬激诚

曹彬守诚，称疾保民，江南城下，不杀一人。

【原文】

宋曹彬，下江南。太祖曰："城陷之日，慎无杀戮。"城垂^①克^②，彬忽称疾。诸将问之，彬曰："余病非药所能愈，惟诸公诚心自誓，克城之日，不妄杀一人，则自愈。"诸将共焚香为誓。明日城陷，兵不血刃^③。李煜^④归降，复待以宾礼。

【注释】

①垂：将要。
②克：攻下，攻克。
③兵不血刃：兵器上没有沾上血。形容未经战斗就轻易取得了胜利。
④李煜：南唐第三任国君，史称李后主。煜，yù。

【解析】

　　北宋开国名将曹彬，骁勇善战，亲善仁厚。宋太祖命他出兵攻打江南一带，临行时，太祖皇帝曾嘱咐他："这次出兵攻打江南一带，希望你多多保重，争取早日攻下城池。不过你要答应我，城池攻下时，不可以滥杀无辜的老百姓。"曹彬听完，郑重地回答道："请您放心。只要是我做主帅，就必定不会允许部下滥杀无辜。"

　　后来，曹彬带领的军队即将攻下城池时，曹彬却突然生病了。诸将士前去问候曹彬，曹彬对他们说："我的病并不是吃药就可以医治好的，我这是心病啊！"将士们不解地问道："明天我们便能攻下城池了，现在是胜利在望！您还有什么忧虑的事呢？俗话说'心病还须心药医'，您有什么心事，不妨说出来，我们一起解决。"曹彬听后，缓缓开口说道："我只希望在座的各位能够诚心诚意发誓，明天攻破城池后，不滥杀任何一个无辜百姓。只要你们能够保证这点，我的病便可以不药而愈了。"将士们听了，纷纷表示同意。第二天攻城后，将士们果然遵守誓言，没有一个兵士滥杀无辜。当时南唐君主李煜前来投降，曹彬也用待客的礼节对待他，没有做过任何失礼的举动。

　　曹彬不滥杀无辜的名声为后世所赞扬，民间有"曹彬攻占江南，不滥杀一人"的说法。曹彬遵守了自己对宋太祖的诺言，

攻破城池后不滥杀一人，保护了全城百姓。因此，曹彬被人们
称为"第一良将"。

宗道实言

宗道忠实，不敢欺君，就酒家饮，竟如所云。

【原文】

宋鲁宗道，为谕德时，尝就饮酒肆①。真宗使者及门，久之，宗道还。使者谓上怪公来迟，何以对？宗道答以实言之。曰："公当得罪。"曰："欺君罪更大也。"入谢曰："有故人来，臣家贫，无杯盘，故就酒家饮。"帝以为忠实可大用。

【注释】

①酒肆：指酒馆。

【解析】

宋朝有一个名叫鲁宗道的人，曾做过负责教育太子的官员。他直言敢谏，耿直忠信，为后世所称赞。

有一次，真宗皇帝有急事找鲁宗道，便派了使者去他家中找他。可是鲁宗道恰巧出门在外，与朋友到酒馆中喝酒去了。使者在他家中等了很久，鲁宗道才回来。使者不悦地说道："原本皇上有急事找你才派我来，可是你出去这么久才回来。皇上一定会怪罪你去得太迟，你到时候要怎么解释呢？"鲁宗道听了使者的话便说："我就实话实说，把实情讲出来就好了。"使者惊讶地说："你怎么能实话实说呢？你如果说出实情，一定会获罪的啊！"鲁宗道不慌不忙地说道："如果我不说实话，而编一个谎话欺骗皇上，那才有罪呢！"使者听完他的话，便没有再说什么。

等到见了皇帝，鲁宗道便磕头谢罪道："臣来迟了，还请陛下责罚。"真宗皇帝问道："迟到这么久，你去做什么了呢？"鲁宗道回答说："刚刚有一个很久没见的老朋友拜访臣，臣家中简陋，不能好好招待朋友，便带他到酒馆里去喝酒，因此才耽搁了时间，来晚了。"真宗听了他的话，并没有发怒责罚他，反而觉得他是一个诚实有信的人。

鲁宗道不止一次向宋真宗提出整顿吏治的意见与建议，有时宋真宗也会感到厌烦。每到这时，鲁宗道便说："陛下您任用我，是对我的信赖！我怎么能身居其位，不干实事呢？向您谏言是我的职责，我怎么能欺骗您，谎称没有什么需要改进的呢？"宋真宗听了，也被他的一片忠心所感动，便在大殿上大字书写"鲁直"二字，让百官以鲁宗道为榜样，向他学习。

由于鲁宗道性情刚直，敢于直言，文武百官都很敬畏他，送了他一个"鱼头参政"的称号。

狄青无欺

狄青破敌，发见贼尸。不以奏报，诚信无欺。

【原文】

宋狄青为荆湖宣抚使。侬智高寇扰日甚，青上表请行，诏从之。青按兵止营，暗度昆仑关，大败侬智高于邕州。贼尸有衣金龙衣者，众谓智高已死，欲以上闻。青曰："安知其非诈耶？宁失智高，不敢欺朝廷以贪功也。"上见其面有涅①，敕敷药去之。青奏明其故，不奉诏。

【注释】

①涅：刺字于面，以墨涂之。

【解析】

　　北宋名将狄青，战功赫赫，勇猛无双。狄青年少时便胆识过人，十六岁时，因为哥哥与同乡人斗殴，狄青代兄受过，被官府在面上刺了字，因此狄青也被人们称为"面涅将军"。

　　狄青做荆湖地方宣抚使的时候，侬智高经常侵扰边境，形势非常严峻。狄青便上奏皇帝，请求带兵攻打侬智高。皇帝非常信赖狄青，很快便答应了他的请求。

　　狄青命令将士安营扎寨，不动声色地度过了昆仑关，在邕州一带大败侬智高。战争过后，士兵们清理战场时，发现贼兵的尸首堆里有一个穿着绣有金龙纹样的尸体，一直认为这便是敌军将领侬智高的尸体。军中其他将士一致认为应该上奏朝廷，告诉皇帝侬智高已死。狄青却对大家说："谁知道这是不是敌军的欺诈之法呢？这件事情如果上奏朝廷，皇上会觉得我们立了大功，一定会有重赏，可是我们并不能保证，这个人一定就是侬智高啊！不能确定的事情，便不能肯定地说出来。我宁愿失去这个功劳，也不愿为了贪求赏赐而说不确定的话！"当时在场的各位兵士听了狄青这段话，都非常敬佩他的诚实与正直。

　　皇帝看到狄青脸上的刺字，赐了一些药物给他，让他将脸上的字除去。狄青婉拒道："臣脸上的刺痕，时时刻刻提醒着臣要做正直的人啊！"皇帝便就此作罢，不再提起这件事了。

狄青不仅有勇有谋，还正直诚实，难怪他能一直被皇帝信任和重视。

庭式心许

庭式及第，不负初心。卒娶瞽女，如鼓瑟琴。

【原文】

宋刘庭式未第时，议娶乡人女，未纳币①。既及第，女病丧明，家贫甚，不敢复言。或劝纳其幼女。庭式笑曰：“吾已心许之矣，岂可负初心哉？”卒娶之，生数子。后死，遂不复娶。苏轼问之曰：“哀生于爱，爱生于色。今君爱从何生？”庭式曰：“吾知丧吾妻而已。”后老于庐山，享高寿。

【注释】

①纳币：亦称纳征。此处指男方向女方下聘礼。

【解析】

宋朝有一个名叫刘庭式的人，他善良温厚，品性端正，在当地有很好的名声。

年少时，刘庭式便与同乡女子订下了婚约，只是没有正式下聘礼。后来他高中进士，那位女子却因重病双目失明。女子家中贫穷，也不敢再提起这桩婚事。

有人劝刘庭式迎娶那家健康的小女儿，刘庭式笑着说："我当初和那位女子订立婚约，在我心里早已认定她就是我的妻子了，无论她得了多么严重的病，无论她的双眼能不能看得见，都不能影响我对她的感情。婚约已经订下了，如果我不遵守，那便是不守信用；如果我因为她生病便抛下她不管，那便是无情无义。我刘庭式绝不是言而无信、无情无义的人。"众人听了他的话，都很感动。

后来，刘庭式按照约定，娶了那位双目失明的女子。这位女子贤良温厚，他们二人在一起生活了很久，生了好几个孩子，生活过得美满和乐。后来刘庭式的妻子去世，刘庭式伤心了很久，此后也没有再娶。

大文豪苏轼是刘庭式的好朋友，他曾经不解地问刘庭式："喜爱美丽的容貌是人的天性，人们都说爱情是建立在容貌之上的。两个人互相爱慕，一个人的一举一动才会牵动另一个人的心，才会因为对方去世而感到哀伤。很多人都困惑，尊夫人双目失明，你对她的爱来自哪里呢？"刘庭式听后，不假思索地答道："死去的人，是我的妻子。我只知道她是我的妻子，无论她是什么样子，无论她的双眼是否能看到，她都是我的妻子。"苏轼听后，非常感动，也很敬佩刘庭式对妻子的情义。

世上有许多以貌取人的人，他们的爱非常肤浅，也非常短暂。因为心中没有信义，没有对一个人忠贞不渝的爱，因此很容易在对方的容貌发生变化后，便抛弃对方离开。像刘庭式这样有情有义，心存仁厚又讲信用的人真是难得啊！